अभूतपूर्व सफलता के 14 कदम

अखंड स्वरूप पंडित

प्रकाशकः

इंविंसिबल पब्लिकेशन प्राइवेट लिमिटेड

प्रकाशक:
इंविंसिबल पब्लिकेशन प्राइवेट लिमिटेड
201A SAS टावर, सेक्टर 38, गुरुग्राम, हरियाणा – 122003
वेबसाइट : www.invinciblepublishers.com

बिक्री कार्यालय: - 4760-61/23, बेसमेंट, प्रताप स्ट्रीट, अंसारी रोड, दरियागंज, नई दिल्ली - 110002
ईमेल: invinciblepublishers@gmail.com

ISBN: 978-9358864519
पुस्तक का नाम: अभूतपूर्व सफलता के 14 कदम
लेखक: अखंड स्वरूप पंडित

पहला प्रकाशन: जुलाई 2024

विषय सूची

समर्पण

मेरी प्यारी पत्नी के नाम

आप मेरे जीवन में प्रेरणा और समर्थन का अटूट स्रोत हैं। आपका प्यार और प्रोत्साहन वह मार्गदर्शक प्रकाश रहा है, जिसने लिखने के प्रति मेरे जुनून को बढ़ाया है। यह पुस्तक मेरे सपनों में आपके अनंत विश्वास और उस असीम प्रेम को समर्पित है, जो हमारे हर पल को एक साथ भर देता है। मेरी चट्टान, मेरी प्रेरणा और मेरी आत्मा का सबसे सच्चा साथी बनने के लिए धन्यवाद।

चरण- 1

सफलता को अपने शब्दों में परिभाषित करें?

सफलता को अपनी शर्तों पर परिभाषित करें, इसे अपने नियमों से हासिल करें और एक ऐसा जीवन बनाएँ जिसे जीने पर आपको गर्व हो। – ***ऐनी स्वीनी***

सफलता के बहुत सारे अर्थ होते हैं और प्रत्येक व्यक्ति के लिए इसका अलग-अलग अर्थ होता है। कुछ के लिए यह वित्तीय स्थिरता (फाइनेंशियल स्टेबिलिटी) है, जबकि कुछ के लिए इसका मतलब सपनों की नौकरी पाना हो सकता है। लेकिन अंतिम उद्देश्य हमेशा एक ही रहता है; सफल होने की इच्छा। सफल होने के लिए क्या करना पड़ता है? आपने जो हासिल किया है, उस पर खुश होने के लिए क्या करना होगा?

आइए इस अध्याय में जानें-

एक बार की बात है, दो आदमी- असवंत और विनीत एक गरीब पड़ोस में एक साथ बड़े हुए। उनकी परवरिश और उनके जीवन में कई समानताएँ थीं, हालाँकि एक चीज उन्हें अलग करती थी; वह थी सफल बनने की इच्छा। असवंत एक प्रतिभाशाली युवक था और उसके पास जो कुछ भी था, उससे वह संतुष्ट था। दूसरी ओर विनीत असवंत जितना प्रतिभाशाली नहीं था, लेकिन उसमें आर्थिक रूप से अपना जीवन बेहतर बनाने की तीव्र इच्छा थी।

समय के साथ दोनों ने कॉलेज से स्नातक किया और वास्तविक दुनिया में प्रवेश किया। असवंत ने अपने पिता की मैकेनिक की दुकान सँभाली और कुछ ही वर्षों में इसे एक सफल व्यवसाय में बदल दिया। हालाँकि वह अरबपति नहीं था, लेकिन उसका एक खुशहाल, प्यारा परिवार था।

दूसरी ओर विनीत ने उच्च शिक्षा प्राप्त की। आखरिकार उसे अच्छी तनख्वाह वाली नौकरी मिल गई। उसने और उसके परिवार ने अधिक आरामदायक जीवन की ओर कदम बढ़ाया। अंततः उसने आर्थिक रूप से स्वतंत्र होने के अपने सपने को हासिल कर लिया। वह अपने जीवन से खुश था।

कहानी दिलचस्प मोड़ तब लेती है जब असवंत और विनीत से पूछा गया,

"क्या आपको लगता है कि आप सफल हैं?" दोनों की प्रतिक्रिया एक जैसी थी।

"हाँ, बिल्कुल, मैं हूँ।" उनका जीवन बहुत अलग था और सफलता के बारे में दोनों के विचार अलग-अलग थे। अपने-अपने जीवन में दोनों का मानना था कि वे अपने लक्ष्यों को प्राप्त करने में सफल हुए हैं और सफल हैं।

तो दोस्तों..., अब सवाल उठता है, "सफलता की परिभाषा क्या है?"

लगभग हर दिन, हम सभी अनेक लोगों की सफलता की कहानियाँ सुनते हैं। अधिकतर ये लोग सीईओ, व्यवसाय के मालिक, किसी संगठन के मुख्य प्रबंधक या किसी संस्था के महत्वपूर्ण पदों पर होते हैं। हम उनके बारे में अखबारों में पढ़ते हैं, सोशल मीडिया पर उनका अनुसरण करते हैं और आश्चर्य करते हैं कि उन्होंने यह कैसे किया।

लेकिन एक कदम पीछे हटें और सोचें; सफलता का मतलब क्या है? क्या किसी ने सफलता की कोई ठोस परिभाषा बनाई है?

- क्या सफलता का मतबल पैसा होता है?
- क्या सफलता का मतलब प्रसिद्धि पाना होता है?
- या इन सब चीजों से सफलता का कोई लेना-देना नहीं है?

आइए आसान भाषा में आपको यह सब समझाता हूँ। सफल होने का एक सरल अर्थ है, और वह है अपने लक्ष्यों को प्राप्त करना। ये लक्ष्य कुछ भी हो सकते हैं जो आप चाहते हैं- आपकी अपेक्षा के अनुसार वित्तीय संख्या (फाइनेंशियल नंबर्स), एक निश्चित सामाजिक स्थिति, शक्ति (पावर) या यहाँ तक की विस्तारित प्रसिद्धि।

हालाँकि लक्ष्य अलग-अलग हो सकते हैं, उन्हें निर्धारित करने की प्रक्रिया काफी मानक है। तो चलिए अब आपके जेहन में आने वाले कुछ सवालों पर बात कर लेते हैं।

मैं लक्ष्यों की योजना कैसे बनाऊँ? या अधिक सटीक रूप से सफल माने जाने के लिए मुझे कौन से लक्ष्य निर्धारित करने चाहिए?

खैर, मैं आपकी ओर से इस प्रश्न का उत्तर नहीं दे सकता। क्यों? क्योंकि प्रश्न का उत्तर केवल आप ही दे सकते हैं। चूँकि हर कोई अलग-अलग सोचता है, इसलिए वह जीवन में अलग-अलग लक्ष्य भी रखता है। जहाँ कुछ लोग सफलता को शानदार कारों और घरों से परिभाषित कर सकते हैं, वहीं अन्य इसे खुशी और

खुशी के रूप में परिभाषित कर सकते हैं। इसका मतलब स्वतंत्र होना, अपने बिलों का भुगतान करना और एक सरल और खुशहाल जीवन जीना भी हो सकता है।

हालाँकि सफलता की धारणा लोकप्रिय हो सकती है, सफलता का अर्थ व्यक्तिगत है। किसी को उनकी जरूरतों को समझने के लिए उनके दिमाग और आत्मा में गहराई से उतरने की जरूरत है। कुछ समय स्वयं के लिए निकालें और इसके बारे में सोचें। एक बार जब आप अपने लक्ष्य निर्धारित कर लेंगे और उन पर काम करना शुरू कर देंगे, तो आप सफलता पाने में सक्षम होंगे।

जैसा कि मैंने पहले कहा, हर किसी का दृष्टिकोण अलग-अलग होता है। तो आइए मैं आपको अपना दृष्टिकोण बताता हूँ कि मेरे लिए सफलता का क्या मतलब है-

मैं एक निम्न मध्यम वर्गीय परिवार से आता हूँ। जब मैं दिल्ली आया तो मेरी जेब में सिर्फ 1500 रुपये थे। मेरे परिवार ने कभी बाइक या कार नहीं चलाई, मेरे पास अपनी साइकिल भी नहीं थी। जब मेरे चचेरे भाई-बहन साइकिल से उतरते थे, तभी मुझे साइकिल चलाने का मौका मिलता था। ऐसे परिवेश से आने के कारण मैंने बहुत लंबे समय से सफलता को अपने वित्तीय लक्ष्यों से जोड़ा है।

मेरे लिए मेरा लक्ष्य ढेर सारा पैसा कमाना, अपने और अपने परिवार के लिए एक कार, एक घर और विलासितापूर्ण वाणिज्यिक संपत्तियाँ (लग्जरी कमर्शियल प्रॉपर्टीज) खरीदना था। जब मैंने अपने छोटे भाई-बहन की कॉलेज फीस का भुगतान किया, तो मुझे गर्व की अनुभूति हुई। जैसे-जैसे मैं अपने करियर में आगे बढ़ने लगा, मैं अपने परिवार को वित्तीय संकटों से मुक्ति दिलाने में सफल रहा। व्यवसाय, निवेश और रियल एस्टेट संपत्तियों के माध्यम से बड़ी मात्रा में पैसा कमाना शुरू कर दिया।

मैंने वह मुकाम हासिल किया, जहाँ मेरा परिवार आराम कर सकता था और अपने जीवन का आनंद ले सकता था, क्योंकि मैं उन्हें आर्थिक रूप से समर्थन देने (सपोर्ट करने) की स्थिति में था।

अब, विचार करने के लिए दो पहलू हैं। सबसे पहले, मेरी सफलता के साथ मुझे वित्तीय स्वतंत्रता का आनंद लेने और लगातार अपने लक्ष्यों को प्राप्त करने का अवसर मिला। दूसरा, मेरी सफलता मेरे परिवार तक पहुँची और उन्हें अपेक्षाकृत चिंतामुक्त जीवन जीने में सक्षम बनाया। इस पहलू ने निश्चित रूप से मुझे अधिक खुश किया और मेरी सफलता को मधुर बनाया और साथ ही

मुझे संतुष्टि भी दी।

इस प्रकार, मेरे शब्दों में सफलता की मेरी परिभाषा कुछ इस प्रकार है:

सफलता का अर्थ है वांछित व्यक्तिगत लक्ष्यों को प्राप्त करना, अपने प्रियजनों को बेहतर जीवन जीने में सक्षम बनाना और जीवन के सफर में संतुष्टि का अनुभव करना।

अब, यदि आपका दृष्टिकोण अलग है तो यह बिल्कुल ठीक है। लेकिन, सुनिश्चित करें कि आप स्वयं के प्रति सच्चे हैं।

अपने व्यक्तिगत अनुभव से मैं ऐसे तरीके लेकर आया हूँ, जो आपको आगे बढ़ने और अंततः सफल होने में मदद करेंगे।

1. विकास की मानसिकता (ग्रोथ माइंडसेट) रखने के लिए स्वयं को प्रशिक्षित करें

रेणुका एक मल्टीनेशनल कंपनी में एनालिस्ट के तौर पर काम करती थीं। वो एक बुद्धिमान महिला थीं और शुरू में उन्हें पदोन्नति (प्रमोशन) और वेतन वृद्धि (सैलरी इंक्रीमेंट) पाने में कोई परेशानी नहीं हुई। हालाँकि जैसे-जैसे समय बीतता गया, उन्हें उद्योग में बने रहने के लिए संघर्ष करना पड़ा और वो पिछड़ने लगीं। इसमें उन्हें थोड़ा समय लगा, लेकिन उन्हें आखरिकार एहसास हुआ कि बुद्धिमत्ता (इंटेलिजेंस) पर्याप्त नहीं थी; अपने क्षेत्र में शीर्ष पर बने रहने के लिए उन्हें अपना दिमाग खुला रखना था और अपना ज्ञान लगातार बढ़ाना था।

हालाँकि चुनौतीपूर्ण समय के दौरान प्रतिभा समय-समय पर मदद कर सकती है, लेकिन खुद को बेहतर बनाने और आगे बढ़ने की आपकी क्षमता आपको अपने लक्ष्यों को प्राप्त करने में मदद करेगी। कड़ी मेहनत, फोकस और समर्पण से कुछ भी असंभव नहीं है।

- अपने प्रयासों पर विश्वास रखें और आगे बढ़ने वाले हर कदम का जश्न मनाएँ। यदि आप अपनी यात्रा में इतनी दूर आ गए हैं, तो कोई भी आपको आगे बढ़ने से नहीं रोक सकता।
- बदलाव के लिए अपने दिमाग को खुला रखें, ताकि आप खुद को स्थिर और अप्रासंगिक होने से रोकें।
- नए कौशल सीखें और यथासंभव चुस्त और अनुकूलनीय (Agile and Adaptable) बनें। और यदि आप असफल भी होते हैं, तो अपने अनुभवों से सीखें और आगे बढ़ें। आखरिकार, असफलताएँ ही सफलता की सीढ़ियाँ

हैं, हैं ना?

2. अपनी क्षमता को उजागर करें

जब नितिन ने काम करना शुरू किया, तो वह प्रतिस्पर्धा और चीजों के लगातार दबाव से अभिभूत था। वह चुनौतियों से दूर भागा और केवल वही किया, जो उससे अपेक्षित था, इससे अधिक कुछ नहीं। हालाँकि जल्द ही उसे एहसास हुआ कि जिन लोगों की यात्रा उसके साथ शुरू हुई थी, वे सफलता की सीढ़ियों पर चढ़ रहे थे, और वह अभी भी नीचे अटका हुआ था। इसलिए, उसने खुद को रोकना बंद करने का फैसला किया। और उसे तब आश्चर्य हुआ जब दफ्तर में उस पर ध्यान दिया गया और उसे अच्छी वेतन वृद्धि मिली।

हमारा मस्तिष्क अकल्पनीय शक्ति और ऊर्जा का स्रोत है। जबकि हर किसी में अद्वितीय व्यक्तित्व लक्षण (Unique Personality Traits) होते हैं, नेताओं में कुछ विशिष्ट लक्षण होते हैं, जो सभी व्यक्तियों में समान होते हैं। इन गुणों को अपनाएँ और उनका पालन करने के लिए खुद को प्रशिक्षित करें।

हालाँकि एक इंसान के लिए किसी विशेष व्यवस्था में सहज होना स्वाभाविक है, लेकिन बदलती दुनिया पर ध्यान देना और अनुकूल होना आवश्यक है।

- वास्तविक दुनिया में आपके सामने आने वाली कड़ी प्रतिस्पर्धा के लिए खुद को तैयार करें।
- चुनौतियों और जोखिमों से पीछे न हटें।
- अपने मन पर भरोसा रखें, सकारात्मक रहें और समस्या को हल करने के लिए प्राथमिकता चार्ट (Priority Chart) बनाएँ।
- और सबसे महत्वपूर्ण बात, एडजस्ट करने के लिए तैयार रहें। जब परिस्थितियाँ कठिन हो जाएँ, तो पीछे हटें, विश्लेषण करें और खुद को आगे बढ़ने के लिए प्रशिक्षित करें, भले ही यह धीरे-धीरे ही क्यों न हो।

3. अपनी इच्छाशक्ति में सुधार करें

अमन हमेशा अपना खुद का व्यवसाय शुरू करने का सपना देखता था। जबकि उसके दिमाग में सब कुछ योजनाबद्ध था, वह वास्तविक जीवन में विलंब करता रहा और खुद से कहता रहा कि वह एक दिन ऐसा करेगा, लेकिन समय के साथ उसका सपना धुँधला होने लगा। और एक दिन उसे एहसास हुआ कि उसका सपना महज एक सपना ही रह गया। उसका स्वप्न बादलों के साथ बनाई गई एक कल्पना था, जो सच होने से पहले ही उड़ गया।

इस दुनिया के सबसे सफल लोगों में एक बात समान होती है- उनमें उच्च स्तर की दृढ़ता और इच्छाशक्ति होती है। हालाँकि कुछ व्यक्तियों के व्यक्तित्व में ये गुण स्वाभाविक रूप से मौजूद होते हैं, लेकिन अभ्यास से भी इन्हें विकसित करना असंभव नहीं है।

शुरुआत करने के लिए छोटे-छोटे लक्ष्य बनाएँ। एक बार जब आप छोटे-छोटे लक्ष्यों पर कायम रहकर उन्हें हासिल करना शुरू कर देंगे, तो आपका आत्मविश्वास बढ़ेगा। फिर आप बड़े लक्ष्य निर्धारित कर सकते हैं और उन्हें हासिल करने के लिए काम करते रह सकते हैं। चूँकि आपने अतीत में छोटे लक्ष्य हासिल किए होंगे, इसलिए बड़े लक्ष्यों के लिए खुद को समर्पित करना आसान हो जाता है, भले ही उनमें अधिक समय लगे। यदि आपको लगता है कि आपको दरकिनार किया जा रहा है या प्रलोभनों का विरोध करना चुनौतीपूर्ण लगता है, तो अपना ध्यान हटाएँ और एक छोटा सा ब्रेक लें। उसके बाद, बंदूकें चमकाते हुए वापस अंदर आ जाएँ, बंदूकें चमकाने से मेरा अभिप्राय है नए जोश के साथ सामने आएँ।

4. अपनी मानसिक शक्ति को मजबूत करें

आन्या ने मुश्किल से अपनी कक्षाएँ उत्तीर्ण कीं और उसके शिक्षक उसे औसत से कम छात्र मानते थे। हालाँकि आन्या हमेशा से एक पायलट बनना चाहती थी, लेकिन उसके लगातार कम ग्रेड ने उसे इसे एक सपने से ज़्यादा कुछ नहीं मानने पर मजबूर कर दिया। एक दिन आन्या एक परीक्षा में असफल हो गई। जैसे ही वह रोई, उसके पिता ने उसे सांत्वना दी और उसे अपनी सीमा से आगे बढ़ने के लिए प्रोत्साहित किया। और वर्षों बाद, जब आन्या कॉकपिट में बैठी, तो वह अपने पिता के शब्दों को याद करके मुस्कुराई और उस दिन उसे अपनी मानसिक शक्ति की सीमा का एहसास हुआ।

जितना हम अपने मस्तिष्क को श्रेय देते हैं, उससे कहीं अधिक वो सामना कर सकता है। यदि आप इस पर काम करते हैं और सीमाओं को पार करते हैं, तो आप जितना सोचते हैं उससे कहीं अधिक मैनेज कर सकते हैं। जबकि उच्च दबाव वाली परिस्थितियों में मानसिक तौर पर टूटना वास्तविक और स्वाभाविक है, यह एक अच्छा विचार होगा यदि आप अपनी भावनाओं को मैनेज करने और उनका सामना करने के लिए अपने मस्तिष्क को प्रशिक्षित और पोषित करें।

- पहला कदम यह होगा कि आप अपने जीवन से नकारात्मकता को दूर करें। खुद पर विश्वास रखें और बेहतर करने के लिए खुद को प्रोत्साहित करें। याद रखें, महान कार्य करने के लिए आप केवल स्वयं पर भरोसा कर सकते हैं। और जब आप असफल होते हैं, तो घबराएँ नहीं। क्योंकि जब

आप असफल होंगे, तो खुद को पुश करते रहें यानी कि आगे बढ़ाते रहें।

- हर विफलता एक सबक है और इससे ज्ञान प्राप्त होता है।
- सबसे महत्वपूर्ण बात यह है कि समय-समय पर मदद माँगना बिल्कुल ठीक और सामान्य है, चाहे समाज कुछ भी कहे।
- यदि आप विश्वास करना चाहते हैं, तो थेरेपी और मनोवैज्ञानिक सहायता लें। सलाह के लिए हाँ कहें और दोस्तों से संपर्क करें। इसके बारे में बात करने मात्र से ही बहुत सारा मानसिक दबाव दूर हो जाता है।

5. सहानुभूतिपूर्ण बनें

ईशान अपने सपनों की नौकरी के लिए काम कर रहा था। उसे अच्छी तनख्वाह मिलती थी, उसके पास काफी संपन्न पड़ोस में एक अपार्टमेंट था और यहाँ तक कि उसने अपने परिवार का कर्ज भी चुकाया था। फिर भीउसे कभी-कभी दुःख होता था। जब उसका काम मुश्किल हो गया या बिलों का ढेर पहाड़ बन गया, तो ईशान को बहुत निराशा महसूस हुई, लेकिन अपनी भावनाओं को दबाते हुए उसने खुद को आगे बढ़ने के लिए मजबूर किया। लेकिन एक दिन हद हो गई और वह टूट गया। इस घटना के बाद उसने अपनी भावनाओं को स्वीकार करना शुरू कर दिया। तनाव से राहत पाने के लिए उसने लगातार अपने लिए समय निकालना और प्रयास करना शुरू कर दिया। धीरे-धीरे उसे आश्चर्य हुआ, उसके काम और जीवन में काफी सुधार हुआ।

- अपनी भावनाओं और भावनात्मक सेहत पर हमेशा नियंत्रण रखें। उदास होना या उदास महसूस करना ठीक है, लेकिन उन पर ध्यान केंद्रित करना ठीक नहीं है।
- दुनिया के अँधेरे अंत में सहज मत बनिए और जब आप निराश या क्रोधित महसूस करते हैं, तो इन भावनाओं को बोतल में बंद करने के बजाय सबसे उचित और स्वस्थ तरीकों से उजागर करें। समय-समय पर तनावरूपी भाप छोड़ना महत्वपूर्ण है।
- दोस्तों पर भरोसा करें, सलाहकारों से मदद माँगें और यदि आवश्यक हो तो पेशेवर से मदद लें।

सफलता सरल है। हम अपने पूर्वाग्रहों और दूसरों से अपनी तुलना करके इसे अनावश्यक रूप से जटिल बना देते हैं। मैं दो बातें ध्यान रखने का सुझाव दूंगा; एक, सफलता की परिभाषा आपकी अपनी होनी चाहिए और दो, वह केवल आप ही हैं जो अपने लिए सफलता प्राप्त कर सकते हैं।

इससे पहले कि हम अगले अध्याय पर जाएँ, यहाँ आपके लिए एक छोटा-सा अभ्यास है। ऐसी कोई तीन चीजें लिखिए, जिनके बारे में आपको लगता है कि वे आपकी सफलता को परिभाषित करती हैं।

चरण- 2

हम सफलता को कैसे मापते हैं?

"आप जिसे माप नहीं सकते उसे प्रबंधित नहीं कर सकते।" - ***पीटर ड्रूक्कर***

लोग मानते हैं कि जीवन के क्रॉस रोड्स दो रास्तों में बँटते हैं।, बाएँ और दाएँ। हालाँकि आपके पास अपने लिए कई क्रॉस रोड्स में से सबसे बेस्ट चुनने की विलासिता है। जिंदगी हमें चुनने के लिए कई विकल्प देती है। दुर्भाग्य से अधिकांश लोग उन विकल्पों को नहीं पहचानते हैं और इसके बजाय वह रास्ता अपनाते हैं, जो सबसे सुरक्षित लगता है - एक ऐसा रास्ता जिस पर कई लोग पहले ही चल चुके हैं। लेकिन क्या यह विकल्प आपको खुद से एक सफल और खुशहाल जीवन की ओर ले जाता है?

आइए इस अध्याय में जानें।

सबसे पहले मैं अपने जीवन की एक छोटी-सी घटना आपके साथ साझा करना चाहता हूँ। एक प्रेरक वक्ता और द कैटलिस्ट ग्रुप और ग्रोफिट्ज फूड्स के संस्थापक के रूप में, मुझे अक्सर अपनी सफलता की कहानी साझा करने के लिए कॉलेजों और अन्य संस्थानों में आमंत्रित किया जाता है। युवा और प्रतिभाशाली दिमागों से मिलना और उनसे अपनी यात्रा की बारीकियों के बारे में बात करना हमेशा खुशी की बात है। हाल ही में मुझे ऐसे ही एक कार्यक्रम में आमंत्रित किया गया था और वहाँ मैंने अपने जीवन की एक छोटी-सी घटना साझा की। यहाँ उस बातचीत का एक अंश दिया गया है:

"एक किशोर के रूप में मैं एक आसान रास्ता खोजना चाहता था और हमेशा 'आरामदायक जीवन' चाहता था। मैंने एक ऐसे जीवन की कल्पना की, जिसमें मैं दैनिक आधार पर संघर्ष नहीं कर रहा था। मैं चाहता था कि एक कॉल करूँ और मेरे लिए सारी सुविधाएँ उपलब्ध हो जाएँ। हालाँकि ये उचित माँगें, जो मेरी जिंदगी से थीं, मैं इन्हें तुरंत चाहता था। जब इन इच्छाओं की पूर्ति में देरी हुई, तो इससे अत्यधिक क्रोध, हताशा और चिड़चिड़ापन पैदा हुआ। तभी मैंने अपनी परिस्थितियों और खुद के लिए खुद को परेशान करना शुरू कर दिया। जैसे-जैसे समय बीतता गया और एक चीज दूसरी चीज की ओर ले गई, मेरी कड़ी मेहनत

से मुझे थोड़ी शांति मिली।

उस समय भी, जब मैं अपने काल्पनिक आसान जीवन के बारे में सोचता था, तो कल्पनाएँ मेरी अपनी नहीं होती थीं। एक सफल जीवन का मेरा मानदंड उन चीजों और लोगों से उधार लिया गया था, जिन्हें मैंने अपने आस-पास देखा था। उन्हें 'आदर्श जीवन' जीते देखने के साथ-साथ नवीनतम गैजेट्स और अन्य फैंसी चीजें खरीदने की उनकी क्षमता ने मुझे वैसा ही और उससे भी अधिक चाहने पर मजबूर कर दिया।

इसे हासिल करने के लिए, मैंने वह रास्ता अपनाया जो मुझसे अपेक्षित था- मैंने एक प्रतिष्ठित इंजीनियरिंग कॉलेज में पढ़ाई की, अपने पाठ्यक्रम के दौरान नौकरी प्राप्त की, कड़ी मेहनत की और आदर्श जीवन के निर्माण की दिशा में काम करना शुरू कर दिया। यह जीवन बाहर से बिल्कुल सही दिखता था- एक अच्छा घर, फैंसी गैजेट्स, लक्जरी कारें, एक खुशहाल परिवार और वह सब कुछ। जबकि यह सब बाहर से बहुत अच्छा था, मैं किसी तरह सतही चीजों से ऊब गया और अपने असली उद्देश्य की तलाश में लग गया। इस प्रक्रिया में मुझे एहसास हुआ कि भौतिक चीजें केवल अल्पावधि के लिए संतुष्टि देती हैं और मनुष्य के रूप में हमें सफलता के आसपास संतुष्टि प्राप्त करने के लिए किसी गहरी चीज की आवश्यकता होती है।

हालाँकि धन-दौलत, संपत्ति और फैंसी काम का शीर्षक उस समाज के लिए सफलता के उपाय की तरह लग सकता है, जिसमें आप रहते हैं, लेकिन वे वास्तव में आपको संतुष्ट नहीं कर सकते हैं। माता-पिता और सामाजिक दबाव, पूर्वाग्रह के साथ मिलकर, अक्सर यह समझने में बाधा के रूप में काम करते हैं कि वास्तव में हमें क्या खुशी मिलती है। सफलता बहुत व्यक्तिगत होती है- इसे आपको खुश और संतुष्ट करना चाहिए। यदि आपकी सफलता के उपाय आपके लिए कोई मायने नहीं रखते हैं, तो यह आपकी सफलता की यात्रा को बहुत कठिन और अप्रभावी बना देगा।

आइए रौनक की कहानी लेते हैं, जिन्होंने एक सफल पूर्व छात्र और वक्ता के रूप में अपने विश्वविद्यालय का दौरा किया -

जैसे ही रौनक ने सभागार का सामना किया, उसके दिमाग में 20 साल पहले का कॉलेज का समय याद आ गया; चमकीली आँखोवालेऔर दृढ़ निश्चयी रौनक ने कैंपस में नौकरी पाने के लिए कड़ी मेहनत की, जहाँ उसे छह अंकों का वेतन (6 फिगर सैलरी) मिलता।

स्मृतियों को वर्तमान में झकझोरते हुए वे अपने सामने छात्रों की ओर मुखातिब हुए।

"कैसे हो बच्चो! इतने वर्षों के बाद अल्मा मेटर के रूप में वापस आकर मुझे बेहद खुशी हो रही है। हालाँकि उस समय मैं आप में से एक था, जो मंच पर मौजूद व्यक्ति के बात करने के रुकने का बेसब्री से इंतजार कर रहा था, ताकि वास्तविक कार्यक्रम शुरू हो सके।"

हॉल में ठहाके गूँज उठे।

"और चूँकि मैं अभी भी कुछ हद तक अधीर व्यक्ति हूँ, इसलिए मैं इसे संक्षेप में रखूँगा। जब मैं इस विश्वविद्यालय में शामिल हुआ, तो मैंने ऐसा सिर्फ इसलिए नहीं किया, क्योंकि मुझमें जुनून था; मैंने ऐसा इसलिए किया क्योंकि मुझे लगा कि यह सफलता का सही रास्ता है। और हाँ, मैं सफल हूँ। मुझे एक प्रतिष्ठित कंपनी में नौकरी मिल गई, मैंने अपने छात्र ऋण (एजुकेशन लोन) का भुगतान कर दिया और अपने माता-पिता को आराम से सेटल करने में कामयाब रहा। लेकिन मुझे एक बार भी संतुष्टि महसूस नहीं हुई। किसी भी संख्या में पदोन्नति या वेतन वृद्धि ने मुझे खुश नहीं किया। इसलिए, 25 साल की उम्र में मैंने अपनी नौकरी छोड़ने और अपना खुद का व्यवसाय शुरू करने का फैसला किया।

उस समय मुझे बहुत आलोचना और प्रतिक्रिया का सामना करना पड़ा। बाहरी दुनिया के लिए मेरे पास संपूर्ण जीवन था, क्या पृथ्वी पर मैं इसे छोड़ दूँगा? लेकिन उस रास्ते को छोड़ने का निर्णय लेने से मुझे आजादी मिली। मैं अब बिस्तर से उठने से नहीं डरता था और उस दिन का सामना करने के लिए उत्सुक था। अस्वीकृति ने मुझे नहीं डराया; इसने मुझे बेहतर बनने के लिए प्रेरित किया। और अब, वही लोग जो मुझे तुच्छ समझते थे, मेरे दिल की बात सुनने के लिए मेरी प्रशंसा करते हैं।

तो विद्यार्थियों, मेरी सलाह यह है कि सफलता का कोई सही उत्तर नहीं है; यह हर किसी के लिए अलग है, और यही इसे सुंदर बनाता है।"

मनुष्य होने के नाते हम सभी का एक ही अंतिम लक्ष्य है- 'खुशी पाना'। लेकिन, वह लक्ष्य अक्सर समाज की सफलता के विचार से प्रभावित होता है और हम यह सोचते हैं कि सबसे अधिक इस्तेमाल किया जाने वाला और आम रास्ता स्वचालित रूप से हमें खुश कर देगा। लेकिन क्या सचमुच ऐसा है?

इन वर्षों में मुझे एहसास हुआ है कि हम सभी अलग-अलग हैं और सफलता के लिए अपने स्वयं के उपायों की आवश्यकता है। हालाँकि उपाय अलग-अलग

हो सकते हैं, उन उपायों को खोजने का तरीका एक ही रहता है। यहाँ विभिन्न रणनीतियाँ दी गई हैं, जो आपको एक सफल जीवन बनाने का रास्ता ढूँढ़ने में मदद करेंगी:

1. अपने जीवन मूल्यों को खोजें

इससे पहले कि आप सफलता की दिशा में काम करना शुरू करें, आपको उन चीजों को ढूँढ़ना होगा, जो वास्तव में आपके लिए महत्वपूर्ण हैं। इससे कोई फर्क नहीं पड़ता कि सोशल मीडिया ट्रेंड क्या कहता है या आपके दोस्तों को क्या अच्छा लगता है, मायने यह रखता है कि आपको किस चीज से खुशी मिलती है? क्या किसी फैंसी कार्य का शीर्षक आपको खुश करता है या क्या 7-अंकीय बैंक बैलेंस (7 डिजिट बैंक बैलेंस) आपको रात में शांति से सोने में मदद करता है?

- ऐसे मूल्य ढूँढ़े, जो आपको वास्तव में खुश करते हैं और सुनिश्चित करें कि आप अपने मेट्रिक्स चुनकर उन्हें ठीक करें।
- एक बार जब आपको अपना मीट्रिक मिल जाए, तो आपको उस पर काम करना चाहिए और कभी-कभी आपको यह भी एहसास हो सकता है कि यह आपके पास पहले से ही है।
- उदाहरण के लिए सफलता का पैमाना एक खुशहाल परिवार और रिश्ते हो सकते हैं, जो आपको संतुष्टि से भर दें। और कभी-कभी किसी को यह एहसास भी नहीं होता कि यह उनके पास पहले से ही है।

समय के साथ आपको यह भी एहसास हो सकता है कि आप जिस पर काम कर रहे हैं वह आपकी सफलता के पैमाने के अनुरूप नहीं है। उस स्थिति में, आप अपनी कार्यप्रणाली को बदल सकते हैं और अधिक संतुष्टिदायक और शांतिपूर्ण जीवन जी सकते हैं।

2. तुलना करना बंद करें

जब मैं छोटा था, मेरे दोस्तों के पास बड़े-बड़े बंगले और गाड़ियाँ हुआ करती थीं, जबकि मेरे पास वह विलासिता नहीं थी। एक बच्चे के रूप में मैं अक्सर अपनी स्थिति की तुलना अपने दोस्तों से करता था। लेकिन बहुत बाद में मुझे एहसास हुआ कि उन्हें अन्य समस्याओं से भी निपटना होगा।

मनुष्य के रूप में हम सभी अपनी तुलना उन लोगों से करते हैं, जिन्हें हम जानते हैं या कभी-कभी कहानी के दूसरे पक्ष को जाने बिना दूसरों से भी तुलना करते

हैं। हम सभी ने बचपन से तुलनाएँ देखी हैं, जब हमारी तुलना हमारे दोस्तों, चचेरे भाई-बहनों या भाई-बहनों से की जाती थी। लेकिन क्या तुलना करना उचित है? उत्तर है 'नहीं'- बड़े नीले नियॉन प्रकाश बल्बों में।

जॉन वुडन, एक सफल बास्केटबॉल कोच ने कहा, "सच्ची सफलता केवल यह जानने की संतुष्टि से प्राप्त होती है कि आपने सर्वश्रेष्ठ बनने के लिए अपनी क्षमता की सीमा के भीतर सब कुछ किया है।"

- आपकी तुलना केवल उस व्यक्ति से होनी चाहिए जो आप कल थे। लेकिन इसमें सावधानी भी शामिल है - अपने लिए यथार्थवादी भविष्य के लक्ष्य निर्धारित करें।
- ये लक्ष्य कठिन हो सकते हैं लेकिन यथोचित प्राप्य होने चाहिए।
- यदि आप अपने लिए असंभव लक्ष्य निर्धारित करते हैं, तो अंत में आप निराश होंगे, आपको पीछे धकेल देंगे।

3. आपके मेट्रिक्स में गुणात्मक पहलू होना चाहिए

कठिन लक्ष्य निर्धारित करना और उन्हें हासिल करना अद्भुत है, लेकिन ये लक्ष्य पूरे भी होने चाहिए और इससे आपको खुशी भी मिलनी चाहिए। यदि ये लक्ष्य आपको अनावश्यक तनाव, निरंतर चिंता और संभावित स्वास्थ्य संबंधित चिंताएँ देते हैं, तो वे इसके लायक नहीं हैं।

जीवन जीने के लिए है और आपके लक्ष्य का उद्देश्य अपनी उपलब्धि के फल का आनंद लेना है। यदि आप अपने लक्ष्य प्राप्त करने के बाद भी नाखुश रहते हैं, तो पूरा उद्देश्य विफल हो जाता है।

- अपने लक्ष्यों को एक छड़ी के रूप में रखने का प्रयास करें और किसी अन्य चीज के बजाय उस जीवन के लिए उसका पालन करें, जिसका आप लक्ष्य रखते हैं।
- अपने लिए कुछ समय निकालने का प्रयास करें।
- महत्वाकांक्षी बनें लेकिन कभी भी इस हद तक नहीं कि आप अपने लक्ष्यों के लिए अपने मानसिक स्वास्थ्य से समझौता करें।

4. सफलता के लिए धैर्य रखें

आज की दुनिया में एकमात्र चीज जो आपको तुरंत मिल जाएगी वह है- 'पॉपकॉर्न'। यदि आप अपने लक्ष्य और उनसे जुड़ी वांछित सफलता पाना चाहते हैं, तो आपको धैर्य रखना होगा।

- हालाँकि सफलता आपको रातोंरात नहीं मिलती, यह समय के साथ आपके पास आती है।
- ठोस परिणामों को मापना आसान है, लेकिन आपको अपनी यात्रा के दौरान मिलने वाले अमूर्त लाभों को नजरअंदाज नहीं करना चाहिए।

5. चुनें कि आप किस प्रकार के व्यक्ति बनना चाहते हैं

जैसे-जैसे समय बीतता है, हमारे लक्ष्य बदलते और बढ़ते हैं, और हम भी उनके साथ बढ़ते हैं। आपको यह तय करना होगा कि आप किस प्रकार के व्यक्ति बनना चाहते हैं। आप कौन-से चरित्र लक्षण अपने अंदर आत्मसात करना चाहते हैं? आप भविष्य में स्वयं को किस प्रकार का व्यक्ति बनते हुए देखते हैं?

आज आप जो करेंगे, वही तय करेगा कि भविष्य में आप कैसे व्यक्ति बनेंगे। जब आप अपने जीवन में पेशेवर और नैतिक दुविधाओं में फँसे हों, तो इससे आपको निर्णय लेने में भी मदद मिलेगी।

आपकी खुशी की तलाश वास्तव में कभी खत्म नहीं होगी, लेकिन आपको यह सुनिश्चित करना होगा कि आप अपना जीवन आत्मविश्वास, जुनून, आशावाद और प्रतिबद्धता के साथ जिएँ। विश्वास रखें कि इस अकल्पनीय विशाल ब्रह्मांड में आपका जीवन मायने रखता है। याद रखें, जब तक आपके जीवन की यात्रा आपको खुश करती है, तब तक और कुछ मायने नहीं रखता।

इससे पहले कि आप अगले अध्याय पर जाएँ, यहाँ आपके लिए एक छोटा-सा अभ्यास है। उन चीजों की एक सूची बनाएँ जो आपको खुश करती हैं और देखें कि क्या वह उस चीज से मेल खाती है, जो आप सोचते हैं कि वह आपको सफल बनाएगी।

चरण- 3

सफलता के रोडमैप का क्या मतलब है?

"योजना के बिना लक्ष्य महज एक इच्छा है।" - ***ओंत्वान डे सेंट - एक्सुपरी***

कल्पना कीजिए कि आप एक सीधी सड़क पर दौड़ रहे हैं बिना यह जाने कि कहाँ जाना है, तब क्या होगा? या तो आप यात्रा में खो जाएँगे या कहीं पहुँचे बिना ही थक जाएँगे।

सफलताएक सरल शब्द है, जिसके लिए बहुत अधिक मेहनत और प्रयास की आवश्यकता होती है। हालाँकि बिना सोचे-समझे अपने चुने हुए रास्ते पर चलने से केवल निराशा, चिड़चिड़ापन और अंततः असफलता ही मिलेगी। याद रखें, कड़ी मेहनत तभी फल देती है, जब वह सही लक्ष्य के लिए की जाए।

इस पाठ में हम सीखेंगे कि सफलता के लिए रोडमैप कैसे बनाएँ।

अमाया एक महत्वाकांक्षी युवती थी। जब वह दूसरी कक्षा में थी, तब उसने अपने जीवन की योजना बना ली थी, जिनमें शीर्ष ग्रेड प्राप्त करना, सर्वोत्तम विश्वविद्यालय में प्रवेश लेना और उच्च वेतन वाली नौकरी प्राप्त करना शामिल था। और इनमें से अधिकांश लक्ष्य हासिल करने में वह सफल रही। वह अपने जिले में नंबर एक स्थान पर रही और यहाँ तक कि उसे अपने राज्य के सर्वश्रेष्ठ विश्वविद्यालय में प्रवेश भी मिला।

लेकिन, चीजें वहाँ से नीचे की ओर जाती दिख रही थीं। उसने पाया कि उसकी कक्षाओं में उसकी रुचि नहीं थी और वह अक्सर खोई हुई महसूस करती थी। जैसे-जैसे बहते रहने की भावना बढ़ती गई, वह एक कदम पीछे हट गई और सफल जीवन के लिए बनाई गई अपनी योजना का पुनर्मूल्यांकन किया।

इस बार उसने अपने भविष्य के लक्ष्य निर्धारित करते समय अपनी रुचियों, परिस्थितियों और अल्पकालिक लक्ष्यों को ध्यान में रखा। और जब उसने कार्रवाई शुरू की, तो वह अपना जीवन वापस पटरी पर लाने में सफल हो गई।

जब बाद में बदलाव के बारे में सवाल किया गया, तो अमाया की प्रतिक्रिया संक्षिप्त और सटीक थी।

यदि आपकी सफलता की योजनाएँ स्थिर हैं, तो आपका जीवन भी उसी तरह

समाप्त हो जाएगा।

सफलता के रोडमैप को परिभाषित करने से पहले यह परिभाषित करना भी आवश्यक है कि सफलता आपके लिए क्या मायने रखती है। सफलता एक सापेक्ष शब्द है और इसकी परिभाषा प्रत्येक व्यक्ति के लिए व्यक्तिगत हो सकती है। कुछ के लिए यह एक शक्तिशाली पद हो सकता है, जबकि अन्य के लिए यह बैंक खाते में दस लाख डॉलर, तेज कारें या भव्य घर हो सकता है। या यह बस चुनने की क्षमता और वे जो चाहते हैं उसे करने के लिए पर्याप्त समय हो सकता है।

तो सफलता का रोडमैप क्या है?

एक सफल रोडमैप आपकी सफलता की यात्रा का निर्माण है, जिसमें मंजिल हमारे दिमाग की आँखों के सामने दिखाई देती है। अपने बचपन के सपने या दृष्टि के बारे में सोचें और क्या यह अभी भी आपके लिए सच है। सफलता को भौतिकवादी या मौद्रिक संदर्भ में परिभाषित करना अक्सर एक गलती होती है या सफलता रोडमैप जैसे व्यापक-आधारित शब्द का एक संकीर्ण दृष्टिकोण होता है।

जब हम सफलता के लिए अपना लक्ष्य परिभाषित करते हैं, तो हम इसे हासिल करने के लिए उठाए जाने वाले कदमों के बारे में भी सोचना चाहते हैं। इन कदमों को सफलता के रोडमैप के रूप में परिभाषित किया जा सकता है। हम अपने लक्ष्य को परिभाषित करने को इस रोडमैप पर पहला कदम भी कह सकते हैं।

सफलता का रोडमैप एक जीवन योजना की तरह है, जिसे निश्चित रणनीतिक योजना के साथ हासिल किया जा सकता है। यह आपकी जीवन योजना को सफलता की राह पर संप्रेषित करने का भी एक उपकरण है। एक रोडमैप आपके जीवन के किसी भी पहलू के लिए महत्वपूर्ण है, चाहे वह व्यक्तिगत हो या पेशेवर, क्योंकि यह सुनिश्चित करता है कि आप अपने जीवन के चालक की सीट पर हैं।

एक अच्छे रोडमैप में एक रणनीतिक योजना के साथ-साथ एक संचार उपकरण (कम्युनिकेशन टूल) और एक उच्च-स्तरीय दस्तावेज शामिल होगा, जो आपको अपने लिए निर्धारित लक्ष्यों को प्राप्त करने के लिए दीर्घकालिक योजना के बारे में सोचने, योजना बनाने, रणनीति बनाने और निष्पादित करने में मदद करता है।

आप एक लिखित रोडमैप, विजुअल रोडमैप या एक संयुक्त रोडमैप बना सकते हैं, ताकि आपके पास वापस लेने के लिए कुछ ठोस हो। कई बार अति आत्मविश्वास हमें अपनी वास्तविक क्षमताओं से आगे सोचने पर मजबूर कर देता है और यही हमारे लिए राह में रुकावट बन जाता है। इसे दूर करने के लिए अपनी

ताकत और कमजोरियों को जानने और समझने के लिए एक रूपरेखा या चतुर्थांश प्रारूप (Quadrant Format) में काम करना महत्वपूर्ण है। यह अभ्यास आपको बेहतर योजना बनाने में मदद करेगा।

हालाँकि लोग अक्सर इसे एक कठोर रोडमैप समझने की भूल करते हैं और इससे आगे नहीं देखते हैं। वास्तव में यह एक वास्तविक रोड मैप की तरह है, जहाँ हमारे पास कभी-कभी अपने निर्धारित गंतव्य तक पहुँचने के लिए एक से अधिक विकल्प होते हैं और एप्लिकेशन की तरह, यह हमें गंतव्य तक पहुँचने में लगने वाले समय के साथ-साथ कई विकल्प दिखाएगा।

इसी तरह, हमें इतना लचीला होना होगा कि हम अपनी सफलता की मंजिल तक पहुँचने के लिए कई तरीके सोच सकें और बना सकें।

तो, हम एक रोडमैप कैसे बनाएँ?

उचित शोध और अंतर्दृष्टि के साथ अपने लिए सफलता का रोडमैप बनाना काफी आसान है। आपको वांछित परिणाम देने वाला एक सफल रोडमैप बनाने के लिए उठाए जाने वाले कदम हैं :

- **अपने जीवन का जायजा लें**

अपने जीवन का विश्लेषण करना और बिना किसी पूर्वाग्रह के जायजा लेना महत्वपूर्ण है। आपके प्रियजन आपकी मदद करने में सक्षम हो सकते हैं, लेकिन केवल आप ही अपने आप को सबसे अच्छे से जान पाएँगे। आपके पास एक गरुड़ की दृष्टि होनी चाहिए, जो आपको उन क्षेत्रों को पहचानने में मदद करेगी, जिनमें काम करने की आवश्यकता है और आपकी ताकत के क्षेत्र। कठोर आलोचना या स्वयं के प्रति बहुत अधिक उदारता से मदद नहीं मिलेगी, क्योंकि दोनों ही आपके दिमाग में नकारात्मक विचार प्रक्रिया पैदा कर सकते हैं।

- **अपनी संभावनाओं पर मंथन करें**

अगला कदम आपकी सफलता के रोडमैप का खाका तैयार करने के लिए सूक्ष्म विवरणों के साथ सभी संभावनाओं पर विचार-मंथन करना है। आपको शुरुआत से ही सही माहौल बनाने के लिए खुद के प्रति सख्त रहना होगा और बहुत अनुशासित दृष्टिकोण अपनाना होगा। लिखने और विचारों के बुलबुले बनाने से आपको मदद मिलेगी। इस स्तर पर अपने गुरु की मदद लेने से उन संभावनाओं को देखने में भी मदद मिल सकती है, जिन्हें आप चूक गए होंगे।

- **एक योजना बनाएँ**

हम लिफाफे के पीछे जैसी योजनाएँ नहीं बनाना चाहते, जो अस्पष्ट हो। हमें एक संपूर्ण, विस्तृत लिखित योजना की आवश्यकता है, जिसमें प्रत्येक सूक्ष्म-से-सूक्ष्म विवरण शामिल हो। ैडा.ज् के साथ काम करना उन विवरणों में खोए बिना उन पर काम करने का सबसे अच्छा तरीका है।

S – Specific (विशिष्ट)

लक्ष्य विशिष्ट होना चाहिए और आपको यह स्पष्ट होना चाहिए कि आप इसे क्यों और कैसे प्राप्त करेंगे। विवरणों की योजना बनाएँ और हमारे लक्ष्यों को पूरी तरह और सटीक रूप से तैयार करें।

M – Measurable (मापने योग्य)

प्रत्येक चरण पर आपकी प्रगति मापने योग्य होनी चाहिए, जिसमें मुख्य सफलता रोडमैप की ओर आपकी यात्रा पर प्राप्त करने के लिए छोटे लक्ष्य और लक्ष्य शामिल हों। यह मील का पत्थर बताएगा कि आप सही दिशा में आगे बढ़ रहे हैं या नहीं।

A & Attainable (प्राप्य)

हम अक्सर खुद को अप्राप्य (Unattainable) लक्ष्यों के लिए निर्धारित करते हैं, जो कम पड़ जाते हैं। इन दोनों स्थितियों मेंहम वास्तविकता से दूर हो जाते हैं, जिससे हमारे लक्ष्यों को पूरा करना मुश्किल हो जाता है।

R – Relevant (प्रासंगिक)

रोडमैप और अंतिम गंतव्य प्रासंगिक होना चाहिए, ताकि सफलता अधिक प्रशंसनीय हो। जिस क्षेत्र में आप काम कर रहे हैं, उसके आधार पर मापे जाने पर इसका अर्थ समझ में आना चाहिए।

T – Time & Based (समय-आधारित)

किसी भी यात्रा की तरह आप ओपेन एंडेड या घुमावदार नहीं हो सकते। उसी तरह सफलता का रोडमैप अस्पष्ट नहीं हो सकता। इसमें समय और प्रयास जैसे बाध्यकारी कारक होने चाहिए, ताकि आप अपनी सफलता और उपलब्धि को माप सकें। इसके अलावा अपने अंतिम लक्ष्य को ध्यान में रखते हुए अपने विकास की निगरानी करें। अपने जीवन को प्राथमिकता दें और अपने लक्ष्य निर्धारित करें।

- **अपने मानसिक और शारीरिक स्वास्थ्य की जाँच करें**

जीवन के किसी भी क्षेत्र में सफलता हासिल करने के लिए आपका शारीरिक और मानसिक रूप से स्वस्थ रहना जरूरी है। अन्यथा आप कभी भी वहाँ नहीं पहुँच पाएँगे, जहाँ आप होना चाहते हैं। एक स्वस्थ दिमाग और शरीर आपको अपने लक्ष्यों की ओर प्रेरित करेगा और यह सुनिश्चित करेगा कि आप हमेशा अपने रोडमैप के ट्रैक पर रहें।

अपने रोडमैप की नियमित रूप से समीक्षा करें और आवश्यकता पड़ने पर सही दिशा तय करें

हम अक्सर अपने विकास या जिस रास्ते पर हम चल रहे हैं, उसकी समीक्षा करना भूल जाते हैं, क्योंकि हमारी नजरें लक्ष्यों पर टिकी होती हैं। पाठ्यक्रम को सही करने के लिए निर्धारित दिनों पर नियमित समीक्षाएँ आपके लिए महत्वपूर्ण हैं। आप हासिल किए गए हर छोटे मील के पत्थर के लिए खुद को पुरस्कृत करके ऐसा कर सकते हैं। इससे आपको उन चीजों की जाँच करने में भी मदद मिलेगी, जो आपके लिए काम नहीं कर रही हैं।

एक रोडमैप बनाना और उस पर कायम रहना आपकी आदत का हिस्सा होना चाहिए, इससे आपको जीवन के हर पहलू में बड़ी सफलता मिलेगी।

आप उच्च और तेज सफलता प्राप्त करें, इसके लिए जरूरी है कि आप लचीले और अनुकूली रहें, साथ ही आपमें नयापन हो।

इससे पहले कि आप अगले अध्याय पर जाएँ, यहाँ आपके लिए एक छोटा-सा अभ्यास है। अपने लक्ष्यों की एक सूची बनाएँ और उसके लिए प्रत्येक विवरण के साथ एक रोड मैप बनाएँ।

चरण- 4

अपने लिए स्मार्ट हैक्स कैसे विकसित करें?

"हम सभी की दो जिंदगियाँ हैं। दूसरा तब शुरू होता है, जब हमें एहसास होता है कि हमारे पास केवल एक ही है।" - ***कन्फ्यूशियस***

सफलता के लिए कोई शॉर्टकट नहीं हैं, लेकिन ऐसी तरकीबें हैं जिनका उपयोग आप अपने समय को अनिवार्य और प्रभावी ढंग से प्रबंधित करने के लिए कर सकते हैं। जहाँ अपने लक्ष्यों को प्राप्त करने के लिए कड़ी मेहनत महत्वपूर्ण है, वहीं विकास और विकास के लिए स्मार्ट तरीके से काम करना भी उतना ही महत्वपूर्ण है। उनका उपयोग करके हम अपने जीवन को आसान बना सकते हैं और स्पष्ट दिमाग से अपने लक्ष्यों पर ध्यान केंद्रित कर सकते हैं। जब तक शॉर्टकट हमें बेहतर तरीके से काम करने में मदद करते हैं, तब तक आप सफलता की ओर बढ़ने के लिए उनका उपयोग कर सकते हैं।

आइए इस अध्याय में विभिन्न प्रकार के हैक के बारे में और जानें:

ऋत्विक मेहनती था। वह अपने स्कूल केका टॉपर था और अपने अंक ऊँचे रखने के लिए अपना सारा समय पढ़ाई में बिताता था। वह दिन-रात काम कर रहा था, लेकिन धीरे-धीरे वह थकने लगा। लगातार अध्ययन करने, याद रखने और परीक्षण करने से उस पर असर पड़ने लगा और जल्द ही,उसका प्रदर्शन खराब होने लगा। इससे निराश होकर ऋत्विक टूटने के कगार पर था, तभी उसके पिता ने उसे कुछ सलाह दी। उसके पिता ने उसे अपने काम के प्रति होशियार रहने और चीजों को बेहतर ढंग से संसँभालने के लिए आसान हैक्स का उपयोग करने की सलाह दी। हालाँकि शुरू में उसे 'हैक' और 'शॉर्टकट' के उपयोग के बारे में संदेह था, लेकिन जल्द ही उसने खुद को अधिक कुशलता से और बिना तनाव के काम करते हुए पाया।

हालाँकि सफलता पाने के लिए कड़ी मेहनत करना कोई आसान काम नहीं है, लेकिन स्मार्ट तरीके से काम करने के लिए लाइफ हैक्स और शॉर्टकट का इस्तेमाल करना भी जरूरी है। कड़ी मेहनत और होशियारी का संयोजन आपकी सफलता की गुणवत्ता से समझौता किए बिना आपके जीवन को आसान बनाने में मदद करेगा।

लाइफ हैक्स आपकी उत्पादकता बढ़ाने के लिए छोटी-छोटी तरकीबें, शॉर्टकट

या नए तरीके हैं। ये छोटी-छोटी तरकीबें आपको जीवन के सभी पहलुओं में अपनी दक्षता बढ़ाने में मदद करेंगी। स्मार्ट हैक्स आंदोलन कंप्यूटर विशेषज्ञों द्वारा शुरू किया गया था, जो सूचना अधिभार से पीड़ित होने के लिए जाने जाते थे या ऐसे लोगों द्वारा शुरू किए गए थे, जो उसी कार्य को पूरा करने के लिए स्मार्ट तरीके से काम करना पसंद करते थे, जिसमें आमतौर पर घंटों लग सकते थे।

पारंपरिक रूप से हैक का अर्थ है- तेज या भारी प्रहार से काटना। आज यह आपके काम को पूरा करने के लिए बहुत अच्छे तरीके से उपयोग किए जाने वाले एक प्रभावी समाधान का वर्णन करता है, विशेष रूप से कंप्यूटिंग समस्या या शेल स्क्रिप्ट या कमांड लाइन में। इस शब्द ने अपना काम करते समय किसी व्यक्ति के सामने आने वाली किसी भी समस्या को हल करने के लिए लाइफ हैक के रूप में बोलचाल की भाषा में इसके उपयोग को बढ़ा दिया है। लाइफ हैक्स आपकी आदत को बदलने या कुछ महत्वपूर्ण काम करने में भी मदद करते हैं, जिनसे आप बच रहे हैं।

'लाइफ हैक' शब्द का प्रयोग पहली बार सैन डिएगो, कैलिफोर्निया में ओश्रेली इमर्जिंग टेक्नोलॉजी कॉन्फ्रेंस में पत्रकार डैनी ओश्ब्रायन द्वारा किया गया था। बाद में ओश्ब्रायन और ब्लॉगर मर्लिन मान ने उसी कार्यक्रम में एक सत्र "लाइफ हैक लाइव" सह-प्रस्तुत किया। नतीजतन उन्होंने इसी नाम से एक कॉलम का सह-लेखन किया। 2011 तक 'लाइफ हैक' शब्द ऑक्सफोर्ड डिक्शनरी में जोड़ा गया था।

लाइफ हैक्स क्यों महत्वपूर्ण हैं?

साथ ही हमें यह भी ध्यान रखना चाहिए कि हैक्स जीवन में हर चीज के लिए काम नहीं करेंगे। सभी समाधान या युक्तियाँ सभी के लिए समान नहीं हो सकतीं। इसलिए ऐसे हैक्स विकसित करना महत्वपूर्ण है, जो विशेष रूप से आपके लिए काम करें। लाइफ हैक्स थोड़े समय के लिए कुछ करने का एक तरीका है। हम उनका उपयोग जारी नहीं रख सकते, क्योंकि हमारी जरूरतें, समस्याएँ और जीवन लगातार बदलते रहेंगे। इस प्रकार, हमें उस बदलाव को अपनाने और हैक्स के साथ नवाचार करते रहने की जरूरत है।

कुछ लोग सोचते हैं कि जीवन जटिल समस्याओं का एक समूह है और हमें हर समय उनका समाधान खोजने की आवश्यकता है। हालाँकि, यह शीघ्र ही साध्य के बजाय साधन के प्रति एक जुनून बन सकता है।

लाइफ हैक्स समस्याओं से बचने के लिए नहीं हैं। बल्कि उनका उपयोग उन्हें हल करने के लिए स्मार्ट समाधान खोजने और उन चीजों पर वापस आने के लिए

किया जाना चाहिए, जो हमें खुश करती हैं। जीवन के सभी सांसारिक कार्यों को पूरा करने के लिए लाइफ हैक्स अच्छे समाधान हैं, ताकि हमारे पास अपने रचनात्मक प्रयासों को आगे बढ़ाने और अपने लक्ष्यों पर काम करने के लिए अधिक समय हो। कभी-कभी लोग इन हैक्स का उपयोग दूसरे तरीके से करते हैं और अपने लक्ष्य तक तेजी से पहुँचने के लिए उनका उपयोग करते हैं और अंत में पीड़ित होते हैं। हम अपने जीवन को हैक नहीं कर सकते हैं, लेकिन हम अपने कठिन जीवन की समस्याओं को हल करके वापस पटरी पर लाने के लिए लाइफ हैक्स बना सकते हैं।

कुछ लाइफ हैक्स क्या हैं, जिनका मैं उपयोग कर सकता हूँ?

जीवन हमारे द्वारा लिए गए निर्णयों की एक श्रृंखला है। चाहे सही हो या गलत, वे हमें कहीं न कहीं जरूर ले जाएँगे। हमें हर समय सही निर्णय लेने का जुनून छोड़ना होगा और कुछ गलत निर्णय लेने की प्रक्रिया का भी आनंद लेना होगा। वास्तव मेंउत्तरार्द्ध वे हैं, जो हमें हमारे सही रास्ते पर वापस ले जाएँगे या शायद हमें एक छोटा रास्ता दिखाएँगे। हम सही निर्णय लेकर अपने सपनों का जीवन नहीं बनाते हैं; स्मार्ट निर्णयों की प्रगति हमें वह बनाने में मदद करती है, जो हम चाहते हैं। हम उन चीजों पर ध्यान केंद्रित करके और बाकी को छोड़कर सफल हो सकते हैं। यहाँ कुछ लाइफ हैक्स दिए गए हैं, जो आपको जीवन में बेहतर और बेहतर निर्णय लेने में मदद करेंगे :

1. अपने मिशन पर कायम रहें

हम अनेक बाधाओं वाली दुनिया में रहते हैं। हम अपने काम में सूक्ष्म-प्रबंधन या खुद को बहुत अधिक फैलाकर भी राह से भटक जाते हैं। यदि हम सफल होना चाहते हैं, तो हमें अपने मिशन पर कायम रहना चाहिए और बाकी काम उन लोगों को करने देना चाहिए, जो अपना काम अच्छी तरह से जानते हैं।

2. निर्णय की थकावट से बचें

हम एक दिन में सैकड़ों निर्णय लेते हैं। कुछ तुच्छ हैं और कुछ बड़े हैं, लेकिन लगातार उस नाव पर रहने से आपका ध्यान खराब हो जाएगा। हर दिन केवल एक विशेष प्रकार के कपड़े पहनने के स्टीव जॉब्स और मार्क जुकरबर्ग के प्रसिद्ध लाइफ हैक की तरह, हम भी उन्हें एक साथ जोड़कर या इसके बारे में दृढ़ निर्णय लेकर छोटी-छोटी बातों पर खर्च होने वाले अपने समय को कम कर सकते हैं।

3. समय सीमा के साथ काम करें

जब आप कोई कार्य शुरू करें, तो यह तय कर लें कि आप उस पर कितना समय खर्च करना चाहते हैं और उस पर कायम रहें। ऐसा करने से आपको अपने वर्तमान कार्य पर बेहतर ध्यान केंद्रित करने में मदद मिलेगी और आप अपना दिमाग भटकने नहीं देंगे।

4. पैटर्न पहचानना सीखें

हमारे जीवन का हर दिन एक पैटर्न होता है; कोशिश करें और इसे पहचानें। उसके बाद जो आपके लिए काम करता है, उस पर टिके रहें और उक्त घटनाओं का स्वाभाविक प्रवाह होने दें। ऐसा करने से आपको बेहतर तैयारी करने में मदद मिलेगी, क्योंकि आपको पता चल जाएगा कि आपकी थाली में कितना कुछ है।

5. आप हर चीज को नियंत्रित नहीं कर सकते

आप केवल उन्हीं चीजों पर काम कर सकते हैं, जो आपके नियंत्रण में हैं। चिंता करना या अपनी पहुँ से बाहर की चीजों को नियंत्रित करने की कोशिश करना पूरी तरह से समय और ऊर्जा की बर्बादी है। जितना अधिक आप स्वयं के काम पर ध्यान केंद्रित करते हैं, उतना ही बेहतर आप तेजी से निर्णय लेने और अपने लक्ष्यों पर ध्यान केंद्रित रखने में सक्षम होते हैं।

6. निर्णयों की एक पूर्व निर्धारित संख्या लें

प्रतिदिन केवल एक निर्धारित संख्या में छोटे और बड़े निर्णय लेने के लिए स्वयं को प्रतिबद्ध करें। यदि आपका दिन का काम पूरा हो गया है, तो लंबित निर्णयों को कल के लिए छोड़ दें।

7. हमेशा निर्णय के विकल्प या उसे पलटने के बारे में सोचें

ऐसे निर्णय लेना हमेशा बेहतर होता है, जिन्हें बदला या उलटा किया जा सकता है, हालाँकि हम जानते हैं कि सभी निर्णय उलटे नहीं जा सकते। जीवन के बड़े फैसले लेते समय इसे ध्यान में रखना जरूरी है। व्यावसायिक निर्णय लेते समय उनका मूल्यांकन जरूर करें और उन्हें दुहराने की क्षमता अवश्य रखें।

8. सामान्य ज्ञान का अधिकाधिक प्रयोग करें

कभी-कभी हमें सही दिशा में भेजने के लिए खुद को एक धक्का देने की

आवश्यकता होती है और वह एक धक्का किसी का भी हो सकता है; उदाहरण के लिए, एक दोस्त जो हमें समझता है. एक बार निर्णय लेना महत्वपूर्ण है और बाद में अपने निर्णय पर संदेह न करें।

9. अनिश्चितता के लिए तैयार रहें

निर्णय लेने के बाद भी हम किसी भी चीज के बारे में 100% निश्चित नहीं होते हैं और हम इसके परिणामों की प्रतीक्षा रहती है। हमें स्थिति की अनिश्चितता के लिए तैयार रहना होगा और इससे परेशान नहीं होना होगा। हमें उम्मीद करनी पड़ सकती है कि हम गलत हो सकते हैं, लेकिन इसका मतलब यह नहीं है कि हम हर समय अनिर्णायक रह सकते हैं।

10. आत्मसंदेह में मत पड़ें

कई बार हम कोई निर्णय लेते समय या उसके बाद भी अपने आत्मसंदेह को अपने जीवन पर नियंत्रण करने देते हैं। कभी भी अपने आप को ऐसी स्थिति में न आने दें, जहाँ आपका आत्मसंदेह आपको किसी भी तरह से पंगु बना दे।

11. विश्लेषण पक्षाघात का शिकार न बनें

हम एक जीवन-परिवर्तनकारी निर्णय लेने से पहले इतने सारे लोगों का विश्लेषण, संग्रह और बातचीत करते हैं कि कई गूगल खोजों और अपने प्रियजनों के साथ बातचीत के अंत तक हम अभी भी अनिश्चित रहते हैं और कोई निर्णय नहीं ले पाते हैं। इस बारे में स्पष्ट रहें कि आपका अंतिम परिणाम क्या होना चाहिए और इनपुट को ध्यान में रखें।

12. दूसरों की राय का भी सम्मान करें

हम सभी चीजों को अलग-अलग तरीके से सोचते, समझते और अनुभव करते हैं। इसलिए दूसरे लोगों की राय को आँख मूँदकर खारिज न करें और साथ ही उस आधार पर पूरी तरह से निर्णय न लें। किसी महत्वपूर्ण निर्णय से पहले किसी मित्र से परामर्श करना ठीक है, लेकिन उनके विचारों और राय पर पूर्ण निर्भरता खतरनाक है।

लाइफ हैक्स छोटी-छोटी चीजों के बारे में हैं। यह उतना ही सरल हो सकता है जैसे 'मैं आज कौन-से कपड़े पहनूँ' या इससे भी अधिक जटिल निर्णय। हमें यह तय करना होगा कि कौन से लाइफ हैक्स हमें बेहतर निर्णय लेने या

अपने लिए बेहतर लक्ष्य निर्धारित करने में मदद करेंगे, ताकि हम जीवन में महत्वपूर्ण चीजों से न चूकें।

इससे पहले कि आप अगले अध्याय पर जाएँ, यहाँ आपके लिए एक छोटा-सा अभ्यास है। एक चार्ट बनाएँ और उन्हें बड़े और छोटे निर्णयों में विभाजित करें। एक बार यह हो जाए, तो पता लगाएँ कि कौन से लाइफ हैक्स हर निर्णय के लिए सबसे अच्छा काम करेंगे।

चरण- 5

असफलता से सफलता की ओर कैसे बढ़ें?

"जो बहुत अधिक असफल होने का साहस करते हैं, केवल वे ही कभी भी बहुत कुछ हासिल कर सकते हैं।" *- रॉबर्ट एफ कैनेडी*

नहीं, यह अध्याय विफलता या विफलता से निपटने के बारे में नहीं है। यह अध्याय इस बारे में है कि विफलता को सफलता की सीढ़ी के रूप में कैसे उपयोग किया जाए। विश्वास करें या न करें, असफलता सफलता की ओर एक कदम है। असल में असफलता उस कड़वी दवा की तरह है, जिसका स्वाद तो बुरा होता है लेकिन वह आपको बेहतर बनाने में मदद करती है। असफलता कड़वी, दर्दनाक होती है और इसमें वह सब कुछ छोड़ने की ताकत होती है, जिसके लिए हम काम करते हैं। लेकिन, असफलता के बिना हम कभी भी उस मधुर, अद्‌भुत एहसास को नहीं समझ पाएँगे जो हमें सफलता प्राप्त करने पर मिलता है। यिन और यांग की तरह असफलता के बिना आप कभी भी सफलता प्राप्त नहीं कर सकते।

आइए इस अध्याय में असफलता का महत्व सीखें!

नैना को निराशा हुई। जैसे ही उसने अरबवीं बार कोड चलाया, वह पीछे झुक गई और अपनी आँखें मल लीं। वह जिस प्रोग्राम पर काम कर रही थी, वह उसका पसंदीदा प्रोजेक्ट था और पिछले कुछ महीनों से उसने इसे सफल बनाने के लिए अपने सभी प्रयास किए थे। केवल वह पिछले दो दिनों से बार-बार होने वाली त्रुटि में फँसी हुई थी और वह अपनी निराशा को महसूस कर सकती थी।

जब कोड फिर से विफल हो गया, तो वह कराह उठी और बार-बार असफल होने से थककर हार मानने को मजबूर हुई। हालाँकि जैसे ही वह अपना लैपटॉप बंद करने वाली थी, उसने अपने दिमाग में अपनी माँ की आवाज सुनी, जो उसे याद दिला रही थी कि जो लोग कभी हार नहीं मानते उनके साथ अच्छी चीजें होती हैं। दृढ़ संकल्प की लहर महसूस करते हुए उसने अपनी आस्तीनें घुमाई और एक बार फिर कोडिंग की दुनिया में चली गई और अगली सुबह, 10 कप कॉफी से घिरी नैना खुशी से चिल्लाई, जब उसका कोड सफलतापूर्वक चला।

अक्सर सफलता का मार्ग हमेशा समाज द्वारा निर्धारित किया जाता है - क्या अच्छा है, क्या उत्पादक नहीं है, क्या हमें सफल बनाएगा - सब कुछ हमें बताया जाता है। पहली कक्षा से ही हम जानते हैं कि 100% प्राप्त करना सफल है और

40-50% से कम कुछ भी प्राप्त करना सफल नहीं है। बचपन से ही हमें सफलता के पीछे भागना सिखाया जाता है और असफलता को एक ऐसे राक्षस के रूप में प्रस्तुत किया जाता है कि आप उससे डरना सीख जाते हैं लेकिन कभी कोई हमें विफलता का महत्व नहीं बताता।

कुछ वर्ष पहले यात्रा के दौरान मेरी मुलाकात एक उद्यमी से हुई। वह स्कूल से ही टॉपर थी, उसने कॉलेज में पढ़ाई में बहुत अच्छा प्रदर्शन किया और उसे अपने फैमिली बिजनेस फंड्स से हर समय सपोर्ट मिला। दुनिया के लिए वो बेहद सफल रहीं। लेकिन जब मैंने उनसे बात की, तो उन्होंने बताया कि कैसे शुरुआती स्टार्टअप दिनों में विफलता का सामना न करने से उनके लिए यह कठिन हो गया था।

मुझे आज याद है उन्होंने क्या कहा था!

"आप जानते हैं, शुरुआती स्टार्टअप के दिनों में जब कोई विफलता होती थी, तो मेरे पास मेरे परिवार के व्यवसाय का भार होता था। लेकिन मुझे लगता है कि मुझे इसे स्वतंत्र रूप से सँभालना चाहिए था, विफलता का सामना करना चाहिए था और फिर मजबूत होकर सामने आना चाहिए था।"

"लेकिन, आप ऐसा क्यों कहती हैं?" मैंने पूछा।

"क्योंकि आज जब बड़ी चुनौतियाँ सामने आती हैं, तो मैं स्वयं को निस्सहाय महसूस करती हूँ- जैसे कि मैं इससे निपटने में असमर्थ हूँ। लोगों को लगता है कि सफलता एक महान शिक्षक है। मैं सहमत नहीं हूँ। यह असफलता ही है, जो आपको सबसे अधिक सिखाती है।" उन्होंने जवाब दिया।

उनका नजरिया दिलचस्प था। असफलता वास्तव में एक महान शिक्षक है।

अब इसका मतलब यह नहीं है कि आप जाएँ और जान-बूझकर असफल हो जाएँ। लेकिन हाँ, जब कड़ी मेहनत करने के बाद भी आप सफल नहीं होते हैं, तो इसे सीखने के अवसर के रूप में लें।

दशकों से सफलता के नुस्खे में से गायब मुख्य घटक बिल्कुल उसके विपरीत है, जो हम चाहते हैं। जी हाँ, वो है असफलता। अक्सर मनुष्य के रूप में हम रोजमर्रा की समस्याओं से जूझते हैं और केवल सकारात्मकता पर ध्यान केंद्रित करते हैं और समाज सफलता की कहानियों को खुले हाथों से स्वीकार करता है, जबकि इसके विपरीत शब्द का तिरस्कार के साथ व्यवहार किया जाता है।

लेकिन यहाँ सवाल यह है कि सकारात्मकता के लिए विशेषाधिकार क्या हैं?

आइए मैं आपके लिए इसे सरल बनाता हूँ।

जैसा कि कहा जाता है- "जीवन वैसा है, जैसा आप इसे बनाते हैं" हम जिस उच्च उपलब्धि वाले समाज में रहते हैं, उसमें विफलता को अक्सर सबसे खराब परिस्थिति माना जाता है और इसे गले लगाने के बजाय हम इसे अपनी अवरोधक दासता बना लेते हैं।

लेकिन फिर आप सोच सकते हैं कि असफल होने से क्या लाभ होता है? यह महत्वपूर्ण क्यों है?

हालाँकि यह काफी हद तक समझ में आता है कि फँसने और चोट लगने के दौरान खुद को बाहर रखना कोई मजेदार बात नहीं है, लेकिन यह समझना भी जरूरी है कि जीवन में क्लेश, पीड़ा या जीत हो सकते हैं। यह इस पर निर्भर करता है कि हम उनसे कैसे निपटना चुनते हैं।

"एक चिकने समुद्र ने कभी भी एक कुशल नाविक नहीं बनाया।"

वास्तव में यही किसी भी सफलता की कहानी की सच्चाई है। जिस तरह कड़ी मेहनत सफलता की कुंजी है, उसी तरह असफलता राजमार्ग है। पूरी ईमानदारी से कहें, तो असफलता एक अनुशासक है, जिसके सबक कोई मजेदार नहीं हैं और हम दिल से इसे नजरअंदाज करना चाहते हैं। हालाँकि सफलता प्राप्त करने के लिए हमें इन पाठों को अपनाने और उनसे सीखने की आवश्यकता है। वास्तव में हमें असफलता की आवश्यकता है, क्योंकि यह एक महत्वपूर्ण उपकरण है, जो आगे बढ़ने में सहायता करता है। इस संदर्भ में टॉम वॉटसन का कथन याद आता है कि

"अगर हम सफल होना चाहते हैं, तो हमें असफलता से जो सबक मिलता है, उसे दुगुना करना होगा।"

और वास्तव में असफलता हमारे दरवाजे पर दस्तक देने के लिए कई सबक लेकर आती है। क्योंकि जब हम असफल होते हैं, तो हम पहचानते हैं कि हमें कहाँ अधिक प्रयास करने की आवश्यकता है। तेज धार वाले दर्द, पीड़ा, अपराध बोध और पछतावे के साथ असफलता हमें मजबूत बनाती है और हमें वापसी करने में मदद करती है। यह फिर से विफलता ही है, जो हमें यह एहसास कराती है कि महानता हासिल करने के लिए, प्रतिस्पर्धी दुनिया में रहने के लिए, हमें संघर्ष करना होगा और अपने रास्ते पर ताकत हासिल करनी होगी। असफलता उसी का लाभ है।

सीखने के लिए जीवन के अनुभव

ऐसा कहने के बाद, इससे पहले कि मैं सफलता की ओर हमारी यात्रा के लिए इस अपरिहार्य सुविधा को अपनाऊँ, यहाँ उन लोगों के कुछ जीवन अनुभव दिए गए हैं, जिन्होंने सभी असफलताओं को झेलते हुए जबरदस्त जीत हासिल की। ये महज बड़ी असफलताओं की कहानियाँ नहीं हैं; ये ऐसी कहानियाँ हैं, जिन्होंने मुझे तब आगे बढ़ने में मदद की जब सब कुछ निराशाजनक लग रहा था।

जब एक बूढ़े व्यक्ति की यात्रा ने सभी को प्रेरित किया: विफलता के सफलता में बदलने की पहली कहानी एक उल्लेखनीय व्यक्ति के जीवन का इतिहास है। 67 साल की उम्र में कड़ी मेहनत से तैयार की गई थॉमस अल्वा एडिसन की वर्कशॉप आग की भेंट चढ़ गई। अपने जीवन भर के प्रयासों के लिए थोड़े से बीमा के साथ बुढ़ापे की दहलीज पर खड़े इस महान अमेरिकी आविष्कारक ने एक बड़ी बाधा को अनंतकाल के लिए जीवन के सबक में बदल दिया। अपने प्रतिष्ठान को धू-धूकर जलते हुए देखकर उन्होंने अपने रास्ते में आने वाली बाधा को नई शुरुआत करने और पुरानी गलतियों को सुधारने के एक नए अवसर के रूप में स्वीकार किया। इस घटना के बाद और असफलता को वापसी में बदलते हुए थॉमस अल्वा एडिसन ने फोनोग्राफ का आविष्कार किया।

जब बाधाएँ बनीं सफलता की सीढ़ी: एक और ऐतिहासिक साक्ष्य अब्राहम लिंकन की कहानी है। इससे मुझे एहसास होता है कि असफलता के बिना सफलता कोई यात्रा नहीं है। बल्कि, सफलता अनुभव और ताकत के साथ उस पर काबू पाकर आगे बढ़ने की यात्रा है। अब्राहम लिंकन का जीवन बाधाओं से भरा था। छोटी उम्र से ही जब उन्होंने अपनी माँ को खो दिया था, तब से उनकी कठिनाइयाँ असफल व्यवसायों, विधायिका की दौड़ में हार और 26 साल की उम्र में अपने प्रिय को खोने के साथ जारी रहीं। मानसिक बीमारी (नर्वस ब्रेकडाउन) के बाद और 39 साल की उम्र में अपनी सीनेटोरियल रेस हारने के बाद वह किसी भी समय पद छोड़ सकते थे। हालाँकि जीवन में आई खटास को छोड़ने और हार मानने के बजाय लिंकन ने अपनी सभी असफलताओं को स्वीकार किया और 52 वर्ष की आयु में संयुक्त राज्य अमेरिका के 16वें राष्ट्रपति बने।

इन महापुरुषों का जीवन इतिहास इस संदेश को पुष्ट करता है कि असफलता भी सफलता की उतनी ही महत्वपूर्ण नींव है, जितनी कड़ी मेहनत और दृढ़ता। वास्तव में सफलता का तात्पर्य बाधाओं को स्वीकार करना और छोटे-छोटे कामों को बड़े प्रयास से करना है।

इसलिए, इसे परिष्कृत तरीके से रखने के लिए यह समझना महत्वपूर्ण है कि असफलता हमारी सफलता की यात्रा में एक बाधा है, न कि एक गतिरोध।

असफलता से सफलता की ओर संक्रमण

हालाँकि यह आसान नहीं है, एक बार जब आप अपनी असफलताओं को अस्वीकार करने के बजाय उन्हें स्वीकार करना शुरू कर देते हैं, तो सफलता की राह को सँभालना आसान हो जाता है। यहाँ कुछ तकनीकें दी गई हैं, जिनका उपयोग मैंने अपनी यात्रा में बाधाओं को हराने और असफलता से सफलता की ओर ताकत के साथ आगे बढ़ने के लिए किया। जैसा कि हेनरी फोर्ड ने कहा था, "अगर हम सोचते हैं कि हम कर सकते हैं, तो हम वास्तव में कर सकते हैं, और अगर हम सोचते हैं कि हम नहीं कर सकते, तो हम नहीं कर सकते"।

1. मानसिक मॉडल बदलें

आरंभ करने के लिए हमारी सफलता की कहानी बनाने की लंबी यात्रा में पहला कदम अपना दृष्टिकोण बदलना है। वर्षों से हाई अचिविंग फास्ट पेस्ड सोसायटी द्वारा विफलता को कमतर आँका गया है और हाल ही में इसने एक प्रति-सहज ज्ञान युक्त चमक प्राप्त कर ली है।

- हालाँकि असफलता से सफलता की ओर अपनी यात्रा तय करने के लिए सबसे पहली चीज, जो आपको करने की जरूरत है वह है कमरे में मौजूद हाथी को स्वीकार करना।
- असफलता अपरिहार्य है और सफल होने और अपना सर्वश्रेष्ठ हासिल करने तथा अधिक कुशल बनने के लिए असफलता को स्वीकार करना चाहिए। अपना दृष्टिकोण बदलें; असफलता आपके और आपके सपनों के बीच नहीं है। इसके बजाय, यह आपके साथ है और आपको अपने लक्ष्यों तक पहुँचने के लिए आगे बढ़ा रही है।

2. स्वीकार करें, फिर आगे बढ़ें

एक बार जब आप असफलता को अपनी यात्रा के एक हिस्से के रूप में स्वीकार कर लेते हैं, तो अगला कदम उस पर ध्यान न देना है। अतीत को रिहाई की जरूरत है। सीधे शब्दों में कहें, तो अपनी गलतियों से सीखें; वे आपको एक व्यक्ति के रूप में परिभाषित नहीं करते हैं। ऐसा तभी होगा, जब आप उस स्थान पर रहेंगे और वही विनाशकारी गलतियाँ दुहराएँगे।

- इसलिए, आराम से बैठें, असफल अनुभव पर विचार करें और समझें।

- इसका पालन करते हुए खुद को ब्रश करें और आगे बढ़ें। निवास निराशा का जाल बनाता है। जितना अधिक आप अपनी असफलताओं पर ध्यान देंगे, उतना ही मजबूत वेब आपकी मानसिकता को प्रभावित करना शुरू कर देगी। याद रखें, सकारात्मक मानसिकता का मतलब अपनी गलतियों को नजरअंदाज करना या उनसे दूर हो जाना नहीं है,बल्कि यह अधिक समाधान-केंद्रित होने के बारे में है।

3. अपनी गलतियों से सीखना

समस्याएँ और असफलताएँ हमारे जीवन का हिस्सा हैं; वे अपरिहार्य हैं। यानी सीधे शब्दों में कहें तो जिंदगी में कभी भी कुछ भी आसानी से नहीं मिलेगा। हमारे लक्ष्य लगातार हमारे धैर्य की परीक्षा लेंगे और यह हम पर है कि हम दी गई स्थिति में सर्वश्रेष्ठ प्रदर्शन करें।

- इसलिए विफलता से सफलता की ओर बढ़ने के लिए,अपनी गलतियों से सीखेंऔर यह समझने के लिए अपना ध्यान केंद्रित करें कि विफलता आगे बढ़ने का अवसर है।
- असफलता सबसे अच्छा शिक्षक है; इसे स्वीकार करें और अपने आप को एक जिज्ञासु व्यक्ति में बदल लें। विफलता को अपने मार्गदर्शक के रूप में उपयोग करें कि कहाँ उद्यम नहीं करना चाहिए और अधिक ताकत के साथ सामने आने के लिए कमर कस लेनी चाहिए।

4. नई शुरुआत करने से पीछे न हटें

असफलता कोई बाधा नहीं है। बल्कि यह आगे की यात्रा की दिशा में पहला कदम है। जीवन में सफलता बिना प्रयास के नहीं मिलती। हालाँकि बार-बार आप लड़खड़ा सकते हैं और कभी-कभीआपके प्रयास कम पड़ सकते हैं, लेकिन यहीं आपको सफलता के रहस्य को समझने और स्थापित करने की जरूरत है।

आपको यह समझने की जरूरत है कि सफलता वास्तव में इस बात पर निर्भर नहीं करती कि हम कितनी ऊँचाई तक जाते हैं; यह हर बार लड़खड़ाकर वापस लौटने की हमारी क्षमता के बारे में है। इसलिएचाहे आप कितनी भी बार गिरें, खुद को उठाएँ, मदद लें, खुद को सँभालें और एक नई शुरुआत करें।

अंत में यह समझना महत्वपूर्ण है कि आप जितनी अधिक बाधाओं का सामना करेंगे, उतनी ही तेजी से आप बाहर निकलेंगे। जो लोग असफल हुए हैं, वे उन

लोगों की तुलना में अधिक सुरक्षित हैं, जिन्होंने कभी असफलता का सामना नहीं किया है। आपको बस इन ठोकरों के प्रति अपनी कहानी को उन्नत करने की जरूरत है, क्योंकि हर सफलता की कहानी गलतियों की नींव पर बनी होती है। अपनी असफलताओं को स्वीकार करें और असफलता को वापसी में बदलें, क्योंकि सफलता का मतलब महान कार्य करना नहीं है; यह छोटी-छोटी चीजों को महान तरीकों से करना है।

अगले अध्याय पर जाने से पहले बस एक काम करें, असफलता के डर को दूर करें। जाओ, निडर होकर अपने सपने हासिल करो!

चरण- 6

अपने दिमाग को कैसे प्रशिक्षित करें?

"आंतरिक मूल्यों का विकास करना शारीरिक व्यायाम के समान है। जितना अधिक हम अपनी क्षमताओं को प्रशिक्षित करते हैं, वे उतनी ही मजबूत होती जाती हैं। अंतर यह है कि शरीर के विपरीत, जब मन को प्रशिक्षित करने की बात आती है, तो इसकी कोई सीमा नहीं है कि हम कितनी दूर तक जा सकते हैं।"- ***दलाई लामा***

अपने लक्ष्यों की योजना बनाना, सफलता और उसके साथ मिलने वाले सभी लाभों को प्राप्त करने का सपना देखना आसान है। हालाँकि जब तक आपके पास अपने सपनों को हासिल करने के लिए मजबूत मानसिकता नहीं होगी, वे हमेशा हवाई महल ही रहेंगे। सफलता पाने के लिए सबसे महत्वपूर्ण कदम अपने दिमाग को इसके लिए प्रशिक्षित करना है। आपका दिमाग आपका सबसे बड़ा हथियार है और अन्य सभी हथियारों की तरह इसे भी हर समय तेज होना चाहिए।

आइए इस अध्याय में अपने दिमाग को प्रशिक्षित करने के विभिन्न तरीकों के बारे में और जानें:

मनु ने सोच में डूबे हुए सूर्यास्त को देखा। अपनी कुर्सी पर पीछे झुकते हुए उसने अपने 80 साल के अस्तित्व को देखा और एक बार फिर निराशा की भावना महसूस की। बचपन में उसके बड़े सपने थे। वह हमेशा कहती थी कि उसके पास एक बड़ी हवेली और शानदार नौकरी होगी। लेकिन वे कभी सच नहीं हुए; जैसे-जैसे वह बड़ी होती गई, उसने सपने देखना जारी रखा लेकिन उन्हें पूरा करने में कभी अपना मन नहीं लगाया और एक दिन उसे एहसास हुआ कि उसके सपने आसमान में बादलों के अलावा और कुछ नहीं थे।

हालाँकि वह चाहती थी कि वह वापस जा सके और अपना जीवन बदल सके। मनु जानती थी कि वह ऐसा नहीं कर सकती। इस प्रकार उसने यह सुनिश्चित किया कि उसके बच्चों की मानसिकता उसके लक्ष्यों की दिशा में काम करने और उसके सपनों को साकार करने के लिए प्रशिक्षित हो।

हमारा दिमाग एक शक्तिशाली उपकरण है। इससे कोई फर्क नहीं पड़ता कि आपके लक्ष्य क्या हैं, चाहे वह खुशी का पीछा करना हो या पैसे के पीछे जाना हो, आपका दिमाग ही आपका सबसे अच्छा सहयोगी है। हालाँकि यदि आप इसे अपनी

बात मानने के लिए प्रशिक्षित नहीं कर सकते हैं तो यह आपका सबसे वफादार सहयोगी नहीं होगा। मुझे यकीन है कि हर किसी ने यह मुहावरा सुना होगा, "खाली दिमाग शैतान का घर होता है।" हालाँकि उस कहावत में थोड़ी-सी ही सच्चाई है। आप देखिए, एक खाली दिमाग को भी अगर अच्छी तरह से प्रशिक्षित किया जाए, तो कभी भी वह आपके सच्चे अस्तित्व से दूर नहीं जाएगा।

वो फ्रेडरिक लेन्ज ही थे, जिन्होंने कहा था-

"एक चीज पर ध्यान केंद्रित करने के लिए मन को अनुशासित और प्रशिक्षित करके हम धारणा पर नियंत्रण प्राप्त करते हैं। हम इसे पकड़ना सीखते हैं और इसे ऐसी जगह रखना सीखते हैं, जहाँ हम इसे रखना चाहते हैं।

अंततः मन को प्रशिक्षित करने का अर्थ है उसे किसी स्थिति या परिदृश्य को उसी तरह समझने का आदेश देना, जैसा आपको चाहिए और फिर उस धारणा पर अमल करने के लिए प्रयास करना।

इससे पहले कि हम वास्तव में अपने दिमाग को प्रशिक्षित करें, हमें वास्तव में यह समझने की जरूरत है कि हम इसे किसलिए प्रशिक्षित करना चाहते हैं। वास्तव में केवल एक ही तरीका है, जिससे हम अपने दिमाग को प्रशिक्षित करने के लिए अपने अंतिम लक्ष्य को जान सकते हैं। वह है गहन आत्मनिरीक्षण।

आपका लक्ष्य क्या है? आप किस चीज का पीछा कर रहे हैं?

सच तो यह है कि एक बार जब आप उस प्रश्न का उत्तर जान लेते हैं, तो आप अपना 50% मानसिक प्रशिक्षण पहले ही पूरा कर चुके होते हैं। अधिकांश लोग इसी बिंदु पर अटक जाते हैं। अनिर्णय और अपनी क्षमता में विश्वास की कमी आम तौर पर शैतान के आदेश का पालन करने लगती है और आपको अपने लक्ष्य के करीब पहुँचने से रोकती है। तो, पहली कार्रवाई जो आपको करनी चाहिए वह है, जड़ को दूर करना। ऐसा करने का एक हैक बस अपने विचारों को नोट करना है। ऐसा करने से आपकी इच्छाएँ साकार होती हैं और अप्रशिक्षित दिमाग की तुलना में कहीं अधिक विश्वसनीय संदर्भ बिंदु मिलता है।

एक साधारण-सा प्रश्न, जो शायद आपके मन में आया होगा वह है-

मुझे अपने दिमाग को प्रशिक्षित करने की आवश्यकता क्यों है?

आप बिना किसी विशिष्ट मानसिक प्रशिक्षण के जीवन में इतनी दूर तक आए हैं, तो मेरे दिमाग को प्रशिक्षित करने का प्रयास अब मुझे क्या प्रदान करता है?

सीधे शब्दों में रॉबर्ट फ्रॉस्ट के शब्दों में कहें तो,

"सोने से पहले तुम्हें बहुत लंबा रास्ता तय करना है।" और वह नींद शांतिपूर्ण होनी चाहिए।

हाँ, आप यहाँ तक तो आ गए हैं, लेकिन क्या आपने सोचा है कि आप कितना आगे जाना चाहते हैं? क्या आपने अपनी क्षमता के बारे में सोचा है, जिसे आप तब उजागर कर सकते हैं, जब आप अपने मन की उस जड़ता और बातचीत की कला के जरिये उन चीजों को हासिल कर लें, जिन्हें हासिल करने के बारे में आपने कभी सपने में भी नहीं सोचा था? कृपया इस बिंदु पर विचार करें कि अपने दिमाग को प्रशिक्षित करना कमजोर दिलवालों के लिए नहीं है। अपने दिमाग को प्रशिक्षित करने के लिए दृढ़ता की आवश्यकता होती है। अब्दुल कलाम और स्टीफन हॉकिंग जैसी महान शख्सियतों ने मन को प्रशिक्षित कर ही सफलता हासिल की। अन्यथा अंधकारमय भविष्यवाला एक गरीब बच्चा भारत के सबसे महान व्यक्तियों में से एक कैसे बन सकता है? हाल ही में मोटर न्यूरॉन रोग से पीड़ित 20 वर्षीय व्यक्ति मानवता के सबसे महान वैज्ञानिक दिमागों में से एक कैसे बन सकता है? क्या आपको इसे जानने का सौभाग्य प्राप्त हुआ है?

ऐसा कहने के बाद ऐसी कुछ तकनीकें हैं, जिन्हें मैंने अपने सामने आने वाली बाधाओं से पार पाने की अपनी यात्रा में बेहद मददगार पाया है। बेशक, ये अनुभवात्मक सीख हैं, जो दुनियाभर के महान दिमागों की शिक्षाओं पर आधारित हैं। तकनीकी रूप से यदि आप पूरी तरह से प्रशिक्षित दिमाग रखने के लक्ष्य के प्रति प्रतिबद्ध रहते हैं, तो आप इसे हासिल कर लेंगे।

1. ध्यान करें

मानसिक समस्याओं के खिलाफ मानव के शस्त्रागार में ध्यान सबसे कम आंआँका जाने वाला उपकरण है। लेकिन ध्यान क्या है? ध्यान बस 'होना' है। यह आपके दिमाग के लिए एक सुरक्षित स्थान में प्रवेश करने के लिए एक नाली के रूप में कार्य करता है, जहाँ आपके विचार नदी की तरह बह सकते हैं। एक बार जब वे उड़ गए, तो स्थिरता और शांति के अलावा कुछ नहीं है।

ध्यान आसान नहीं है, लेकिन हो सकता है: इस अंतर्ज्ञान के विपरीत कि ध्यान करना आसान है, अपने आपको बस रहने देना एक कठिन परीक्षा है, खासकर अप्रशिक्षित दिमाग के लिए। वास्तव में जब आप इस अभ्यास में शुरुआती होंगे, तो आप नकारात्मक विचारों से बचना चाहेंगे और केवल सकारात्मक पर ध्यान

केंद्रित करना चाहेंगे। हालाँकि याद रखें, ध्यान आपके शरीर और दिमाग के लिए इन अवांछित सूचनाओं को दूर करने के बजाय उन्हें स्वतंत्र रूप से प्रवाहित करने की अनुमति देकर उन्हें हटाने का एक तरीका है।

पाँच जादुई मिनट : मेरा सुझाव है कि अपने दिन से कम-से-कम 5 मिनट निकालें और आराम करें। अपने विचारों को प्रवाहित होने दें। उन 5 मिनटों के अंत में आपके पास वह स्पष्टता होगी, जिसका आपको एहसास नहीं था कि यह संभव है।

अब याद रखने वाली महत्वपूर्ण बात यह है कि जब आप शुरुआत कर रहे हों, तो यह स्पष्टता अल्पकालिक होती है। अधिकांश लोगों को उस स्पष्टता को कायम रखकर सक्षम स्थिर दिमाग हासिल करने में वर्षों लग जाते हैं। लेकिन अभ्यास इसे पूर्ण बनाता है और जब तक आप इस अभ्यास पर कायम रहेंगे, आप उस स्पष्टता को बनाए रखने में सक्षम होंगे।

2. विचार और कार्य के बीच अंतर को जानें

ध्यान जो स्पष्टता प्रदान करता है, वह एक बड़े उद्देश्य को पूरा करता है। यह आपको आत्मनिरीक्षण करने या नए सिरे से और बेहतर दृष्टिकोण से सोचने की अनुमति देता है।

सोचना पर्याप्त नहीं है: केवल अपनी कार्य योजना या स्थिति के बारे में सोचना किसी परिणाम की गारंटी नहीं देता है; आपको इस नए दृष्टिकोण का उपयोग करके कार्रवाई करनी चाहिए।

इसे करें: एक उदाहरण लें, मान लीजिए कि आप अपने फिटनेस स्तर से नाखुश हैं और इसे सुधारना चाहते हैं। इसके बारे में सोचने से आपको प्रेरणा ढूँढ़ने में मदद मिलती है। हालाँकि यदि आप अपने अप्रशिक्षित दिमाग की जड़ता को पीछे छोड़ते हैं और सुधार करने की योजना बनाते हैं, तो आपकी प्रेरणा परिणाम देगी।

अपने दिमाग को कार्य करने के लिए बाध्य करें: अपने शरीर को कार्य करने के लिए बाध्य करें। आपके कार्य अंततः आपको वही परिणाम देंगे, जो आप चाहते हैं। यदि आपका शरीर आपके दिमाग के प्रति प्रतिक्रिया नहीं दे सकता है, तो आपका दिमाग इतना मजबूत नहीं है कि आपके शरीर को उसके आदेशों का जवाब दे सके। इसलिए समय के साथ उस संकल्प को मजबूत करना महत्वपूर्ण है।

3. एक साँस लें

अंतिम लेकिन महत्वपूर्ण बात, पूरी तरह से प्रशिक्षित दिमाग की यात्रा लंबी और कठिन है। और रास्ते में आपके लक्ष्य से भटकने या कम-से-कम भटकने के अवसर आएँगे। ऐसे समय में ही आपके दिमाग को रीसेट करना चाहिए।

- एक लंबी साँस लें। अपने परिदृश्य को तटस्थ दृष्टिकोण से देखें। अपने दिमाग को अपने विचारों के साथ इतनी दूर तक जाने दें कि आप उसे वापस पटरी पर लाने में सक्षम हो सकें।
- अपने आपको अपने लक्ष्य की याद दिलाना एक हैक है, जिसका मैं अक्सर उपयोग करता हूँ। लक्ष्य आपके दिमाग को प्रशिक्षित करना और उसे अपने नियंत्रण में रखना है। इसे उच्च परिप्रेक्ष्य से समझने से आपका दिमाग अनुशासित रहने और ध्यान केंद्रित कर सकेगा।

मैं एक साधारण आँकड़े और उस पर अपने दृष्टिकोण के साथ समाप्त करूँगा।

हमारे दिमाग में हर दिन लगभग 70,000 विचार आते हैं। पूरी तरह से प्रशिक्षित दिमाग का होना अनिवार्य रूप से उन विचारों को अधिकतम रूप से हमारे वास्तविक और दीर्घकालिक लाभ में बदलने की क्षमता है। यदि आप अपने दिमाग को अपने आदेश के अनुसार चलने के लिए प्रशिक्षित कर सकते हैं, तो आप दुनियाओं को आपस में टकरा सकते हैं। अंततः, हम जानते हैं कि यह संभव है। आखरिकार दुनिया ने स्वामी विवेकानन्द जैसे महान व्यक्तित्वों को देखा है, जिन्होंने दुनिया को मन को प्रशिक्षित करने की शक्ति दिखाई।

इससे पहले कि आप अगले अध्याय पर जाएँ, यहाँ आपके लिए एक छोटा-सा अभ्यास है। अपने लक्ष्यों की एक सूची बनाएँ। एक बार जब आप ऐसा कर लें, तो विश्लेषण करें और योजना बनाएँ कि आप उन्हें कैसे हासिल करेंगे।

चरण- 7

जीवन में दबाव को कैसे सँभालें?

"तनाव एक त्वरक के रूप में कार्य करता है; यह आपको या तो आगे या पीछे धकेल देगा, लेकिन आप कौन-सी दिशा चुनते हैं।" - ***चेल्सी एरीउ***

दबाव और तनाव अनिवार्य हैं, चाहे आपका जीवन कितना भी संतुलित क्यों न हो। हालाँकि इसे ज्यादातर नकारात्मक चीज के रूप में माना जाता है। अगर आप जानते हैं कि उन्हें ठीक से कैसे सँभालना है, तो यह आपके लिए खुद को आगे बढ़ाने के लिए एक बड़ी ताकत हो सकती है। हाँ, यह मुश्किल है लेकिन जीवन में अंततः हमें जिस तनाव से निपटना होगा, उसमें संतुलन हासिल करना और स्वस्थ संबंध बनाए रखना महत्वपूर्ण है। आखिर उच्च दबाव में कोयला हीरे में बदल जाता है।

आइए दबाव, तनाव और इससे निपटने के विभिन्न तरीकों के बारे में और जानें :

अपने बिस्तर पर गिरते हुए कला पूरी तरह से थककर छत की ओर देखने लगी। सोमवार के सामान्य तनाव के साथ लंबे दिन ने उसे पूरी तरह से थका हुआ महसूस कराया। जैसे ही उसे झपकी आने लगी, उसकी ईमेल अधिसूचना (ईमेल नोटिफिकेशन) कमरे में गूँज उठी। कराहते हुए उसने अपना फोन उठाया और ईमेल को स्क्रॉल किया। प्रत्येक शब्द के साथ उसका रक्तचाप बढ़ता हुआ महसूस हुआ।

हालाँकि सप्ताह के अंत में जब उसने अपना सारा काम पूरा कर लिया और शुक्रवार की रात का आनंद लेने के लिए कार्यालय से बाहर निकली, तो उसे पता था कि जीवन के साथ आने वाले दबाव से निपटे बिना वह कभी भी यहाँ तक नहीं पहुँच पाती।

हमारा शरीर हमारा घर है, हमारी सभी विविध भावनाओं का निवास स्थान है और इसे बाहर रखकर अपनी क्षमता के शीर्ष तक पहुँचने के लिए उत्साहपूर्वक काम करना तनावपूर्ण हो सकता है। और इन सबसे बढ़कर जीवन की रोजमर्रा की जीतें और कठिनाइयाँ हैं। लेकिन जैसा कि रुडयार्ड किपलिंग ने कहा,

"यदि हम उस समय अपना सिर स्थिर रखना सीख लें, जब चारों ओर से ऐसा लगे कि सब कुछ समाप्त हो रहा है, तो हम अपनी धारणा पर नियंत्रण प्राप्त कर सकते हैं और खुद को सही दिशा में प्रशिक्षित कर सकते हैं।"

तनाव क्या है?

"मैं बहुत तनाव में हूँ, यार।"

"ऐसा मत कहो, मुझे तनाव हो जाएगा।"

"मैंने आज काम नहीं किया। इससे मुझे तनाव होता है।"

"घर पर बहुत तनाव"

मुझे यकीन है कि हम सभी ने अपने जानने वाले लोगों से ऐसे वाक्य सुने होंगे। लेकिन, वास्तव में तनाव का मतलब क्या है? क्या किसी के पास तनाव की कोई स्पष्ट परिभाषा है? या क्या हम इस शब्द का उपयोग केवल तनावग्रस्त होने या बुरे दिन के पर्याय के रूप में करते हैं?

तनाव के साथ कोई सुपरिभाषित धारणा जुड़ी नहीं है। आम तौर पर यह जीवन में प्रतिकूल परिस्थितियों के प्रति हमारी मानसिक और शारीरिक प्रतिक्रिया होती है और यह हर व्यक्ति में भिन्न होती है। तनाव के कारणों की एक विस्तृत श्रेणी है और इसे बाहरी और आंतरिक कारणों के अंतर्गत संक्षेपित किया जा सकता है।

लेकिन क्या दबाव हमेशा एक बुरी चीज है?

उदाहरण के लिए, प्रेशर कुकर लें। जब हम चावल पकाते हैं, तो हम सीटी बजने का इंतजार करते हैं और चावल अच्छे से पक जाता है। इसी तरह अगर हम जानते हैं कि तनाव और दबाव को कैसे सँभालना है, तो हम इसे महान चीजें हासिल करने के लिए एक सकारात्मक प्रेरणा के रूप में उपयोग कर सकते हैं। सीधे शब्दों में कहें तो दबाव जीवन की कठिन परीक्षा नहीं है; यह हमारी क्षमता को सामने लाने के लिए प्रेरक शक्ति हो सकती है। यह इस बात पर निर्भर करता है कि हम इसे कैसे देखते हैं और कैसे लेते हैं। जैसा कि पीटर मार्शल ने सुझाव दिया था,

"जब हम कठिनाइयों के बिना जीवन की कामना करते हैं, तो हमें याद होना चाहिए कि शाहबलूत वृक्ष विपरीत हवाओं में मजबूत होते हैं और हीरे दबाव में बनते हैं।"

तो क्या सफल होने के लिए तनाव जरूरी है?

जिस प्रकार एक स्थिर जीवन परम आनंद का रहस्य है, उसी प्रकार हम जिस सफलता को प्राप्त करने का प्रयास करते हैं, वह विभिन्न पहलुओं में संतुलित होती हैऔर दबाव इसके प्रमुख अनुचरों में से एक है। प्रमुख मनोवैज्ञानिकों के अनुसार जब कोई चीज, जिसकी हम वास्तव में परवाह करते हैं वह खतरे में होती है, तो

हम तनावग्रस्त हो जाते हैं और इसे लेकर हमारा फिक्रमंद होना ही हमारी योग्यता को सामने लाती है।

यद्यपि तनाव और दबाव फायदेमंद हो सकते हैं, सही संतुलन बनाना संपूर्ण क्षमता और शांति प्राप्त करने की कुंजी है। अपने तनाव और दबाव को घर में रखना ठीक है लेकिन इस मेहमान (गेस्ट) को कभी भी रुकने न दें। लेकिन फिर अगर मेहमान रुक जाए और आपके घर पर कब्जा कर ले तो क्या होगा? आपको समझना होगा कि तनाव आपके दैनिक जीवन को कैसे प्रभावित करता है?

यदि सही ढंग से संतुलित न किया जाए, तो तनाव का मात्र उल्लेख ही किसी को भी तुरंत चिड़चिड़ा और बीमार महसूस करा सकता है। दरअसल गलत मात्रा में तनाव और दबाव हमारे स्वास्थ्य पर मानसिक, शारीरिक और भावनात्मक रूप से प्रतिकूल प्रभाव डाल सकता है, जिसके परिणामस्वरूप हमारी प्रदर्शन क्षमता कम हो जाती है।

कामकाजी पृष्ठभूमि से आने और महत्वाकांक्षी, उच्च उपलब्धि हासिल करने वाले समाज के साथ तालमेल बनाए रखने के लिए कड़ी मेहनत करते हुए मैं अपने व्यक्तिगत अनुभव से यह अनुमान लगा सकता हूँ कि दबाव अनिवार्य है। हालाँकि अगर हम लगाम खो देते हैं और इसे हावी होने देते हैं, तो ये हमें डरा सकता है और हमें तीव्र भारीपन के साथ हर रोज अपने रास्ते पर घसीटने के लिए मजबूर कर सकता है।

तो हम सही संतुलन को कैसे प्रबंधित (मैनेज) करें?

खैर, यहीं पर तनाव प्रबंधन की शुरुआत होती है। सीधे शब्दों में कहें तो मैं इसे आपके लिए सरल बना दूँगा।

तनाव का प्रबंधन करना क्यों महत्वपूर्ण है?

इसका सीधा उत्तर मानसिक संतुलन को सुरक्षित रखना और बनाए रखना है। तनाव प्रबंधन (स्ट्रेस मैनेजमेंट) यह सुनिश्चित करने के लिए महत्वपूर्ण है कि हम अपने जीवन में तनाव की कितनी सीमा सहन करने के लिए तैयार हैं। तनाव प्रबंधन दबाव पर इस तरह से लगाम लगाने में सहायता करता है कि तनाव आपके स्वास्थ्य और प्रदर्शन पर कोई असर डाले बिना आपको अपनी पूरी क्षमता के साथ प्रदर्शन करने के लिए प्रेरित करने की दिशा में ही काम करता है।

इसलिए, उपलब्ध विकल्पों के साथ यह स्पष्ट है कि जीवन में दबाव को सँभालने के लिए एक कार्य योजना बनाना समय की माँग है, क्योंकि दूसरा रास्ता

विनाश की ओर ले जाता है। वास्तव में जब आप स्थिति की मनमोहक खुशबू से समझौता कर सकते हैं, तो कँटीली झाड़ियों की ओर क्यों जाएँ? यहाँ मैंने कुछ तकनीकों को सूचीबद्ध किया है, जो मेरे लिए मार्गदर्शक लौ के रूप में काम करती हैं। उम्मीद है वे आपके अनुभव को भी समृद्ध करेंगी।

1. अपने विचारों पर नियंत्रण रखें

जैसा कि हमने पहले चर्चा की, जब तनाव को संतुलित तरीके से प्रबंधित किया जाता है, तो यह आपके लिए अद्‌भुत काम कर सकता है। कई अध्ययनों और शोधों के अनुसार, संतुलित तनाव आपके सेलुलर मेटाबॉलिज्म को सक्रिय कामकाज के लिए सक्रिय करता है।

- अपने विचारों को सकारात्मक दिशा में मोड़ें।
- समस्या के बारे में सोचने के बजाय समाधान खोजें।
- एक समय में एक कदम उठाएँ।

2. अपनी सीमाएं समझें

अपनी सीमाओं का एहसास करना जरूरी है। तेज रफ्तार की दुनिया में कम-से-कम समय में सर्वश्रेष्ठ हासिल करना एक निरंतर दबाव है।

- हालाँकि, आपको यह समझने की आवश्यकता है कि बहुत अधिक तनाव भाप को तोड़ देता है; अपनी गति से चलो, क्योंकि टूटने से झुकना बेहतर है।
- यथार्थवादी बनें, अपनी क्षमता को पहचानें और जुट जाएँ। क्योंकि इससे कोई फर्क नहीं पड़ता कि आप धीमी गति से चलते हैं, जब तक आप चलते रहते हैं।
- आराम से बैठें, चिंतन करें और अपनी गति से चलें।

3. आशावादी बनें

सकारात्मक सोच और दृष्टिकोण हमारी आत्मा के लिए ईंधन हैं। हालाँकि सकारात्मक दृष्टिकोण से मेरा तात्पर्य समस्या को नजरअंदाज करना नहीं है।

- समस्याएँ और दबाव अपरिहार्य हैं। हालाँकि यह ऐसे समाधान की तलाश करता है, जो आशावाद पैदा करे।
- अपने आप को व्यवस्थित करने का प्रयास करें और फिर स्थिति को सभी संभावित दृष्टिकोणों से देखें और आपको अपनी समस्या का समाधान मिल जाएगा।

4. ध्यान करें

मन शरीर का स्वामी है। यह आपका सहयोगी या शत्रु हो सकता है, यह इस पर निर्भर करता है कि हम इसे कैसे प्रशिक्षित करते हैं।

- अपनी स्थिति की गहन समझ हासिल करने के लिए अपने दिमाग को शांत करना अत्यंत महत्वपूर्ण है। और जब मानसिक शांति प्राप्त करने की बात आती है, तो ध्यान सबसे अच्छा शस्त्रागार है।
- अपने लिए समय निकालें, ध्यान करें और अपने दिमाग में सकारात्मक विचार रखें।

5. व्यवस्थित करें और आगे की योजना बनाएँ

एक पूर्व नियोजित कार्य योजना के साथ संगठित तरीके से जीवन की चुनौतियों का सामना करना जीवन में दबाव को प्रबंधित करने में अत्यधिक फायदेमंद साबित होता है।

- कार्यों की एक सूची बनाएँ, अपने काम को प्राथमिकता दें और योजनाबद्ध तरीके से आगे बढ़ें। ऐसा करने से आपका फोकस बढ़ेगा और अतिरिक्त शोर कम होगा।
- अभी करो की भावना रखें और अपना काम जोश और उत्साह के साथ करें।

6. मदद माँगें

सारा बोझ उठाना कोई साहस की बात नहीं है और मदद माँगना कोई शर्म की बात नहीं है। दोनों में से कोई भी चीज आपको कम या ज़्यादा महान व्यक्ति नहीं बनाता है।

- जब आप बहुत अधिक दबाव में हों, तो मदद माँगना आपकी कार्यकुशलता और क्षमताओं पर सवाल नहीं उठाता या उन्हें कम नहीं करता।
- संपर्क करने और मदद माँगने से न डरें।

7. साँस लें, नकारात्मक विचारों को छोड़ें।

प्रतिकूल परिस्थितियों के दौरान नकारात्मक विचार अक्सर अपरिहार्य होते हैं, खासकर जब आपको लगता है कि दीवारें आपके लिए बंद हो रही हैं।

- रुकें, साँस लें और नकारात्मक विचारों को दूर करें। दरअसल, आराम से बैठें और सोचने को थोड़ा विराम दें।
- चिंता से खुद को विचलित करें, शांत हो जाएँ और फिर मुख्यधारा में लौटने के लिए खुद को झाड़ें।

अपने सपनों को इकट्ठा करें, इस पर विचार करें कि आपको ठोकर के बावजूद चलते रहने की आवश्यकता क्यों है? और आगे बढ़ें। सकारात्मकता तक पहुँचना महत्वपूर्ण है। हालाँकि सकारात्मकता की ओर बढ़ने में जल्दबाजी नहीं करनी चाहिए; बस अपना आशावादी दृष्टिकोण हर समय बनाए रखें।

इसे संक्षेप में कहें, तो मैं दबाव के बारे में अपने दृष्टिकोण को संक्षेप में समाप्त करूँगा:

जीवन में कुछ हासिल करने और आगे बढ़ने का प्रयास करते समय, तनाव और दबाव अपरिहार्य परिस्थितियाँ पैदा करेंगे। हालाँकि इसके प्रति हमारा दृष्टिकोण ही तय करेगा कि यह अभिशाप है या वरदान। इसलिए चाहे कुछ भी हो, कभी भी प्रतिकूल स्थिति से हार न मानें और अपने सपनों का पीछा करते रहें।

इससे पहले कि आप अगले अध्याय पर जाएँ, यहाँ आपके लिए एक छोटा-सा अभ्यास है। पहचानें कि आपको दैनिक आधार पर क्या तनाव होता है। एक बार जब आप ऐसा कर लेते हैं, तो नकारात्मक दबाव को दूर करने का प्रयास करें और अपने लक्ष्यों को प्राप्त करने के लिए सकारात्मक दबाव का लाभ उठाएँ।

चरण- 8

व्यक्तिगत नुकसान से कैसे निपटें?

"हर नुकसान के साथ-साथ एक फायदा भी होता है।"- **डब्ल्यू क्लेमेंट स्टोन**

यह कहावत घिसी-पिटी है, लेकिन सच भी है। हर कोई सोने का चम्मच लेकर पैदा नहीं होता और कभी-कभी अपना लक्ष्य हासिल करना मुश्किल हो जाता है। लेकिन अगर आप गौर से देखेंगे तो आपको पता चलेगा कि लगभग सभी सफल लोग वंचित पृष्ठभूमि से आते हैं। लेकिन उन्होंने यह कैसे किया? उन्होंने अपनी कमियों को अपने ऊपर हावी नहीं होने दिया। तो अगली बार जब आप किसी नुकसान से उबरने के लिए संघर्ष करें, तो याद रखें कि आपके द्वारा पार की गई प्रत्येक बाधा आपको सफलता के करीब लाती है।

आइए जानें कि व्यक्तिगत कमियों को कैसे दूर किया जाए और सफलतापूर्वक आगे कैसे बढ़ा जाए:

जब काली ने अपने सहपाठियों को उनके माता-पिता या ड्राइवरों द्वारा छोड़ दिए जाने की घटना देखी, तो उसे ईर्ष्या की भावना महसूस हुई। गरीब माता-पिता के यहाँ जन्मे, वह केवल ऐसी विलासिता का सपना देख सकते थे। हालाँकि वह अपनी पढ़ाई में प्रतिभाशाली थे, लेकिन उन्हें जीवन में कुछ भी हासिल करने का भरोसा नहीं था और उन्होंने अपने माता-पिता की तरह गरीब बने रहने के लिए इस्तीफा दे दिया था।

लेकिन उस दिन उसके एक टीचर ने सुंदर पिचाई के बारे में बात की। इस बात से आश्चर्यचकित होकर कि इतना प्रसिद्ध और सफल व्यक्ति पैदाइशी अमीर नहीं था, उसमें कुछ बदलाव आया और उस दिन उसने जितना संभव हो उतना सफल होने का संकल्प लिया, चाहे कुछ भी हो जाए। और 15 साल बाद जब उसे अपनी मर्सिडीज की चाबियाँ मिलीं, तो उसने कल्पना की कि छोटा लड़का जीत की खुशी में मुस्कुरा रहा है।

यह न्यूटन ही थे जिन्होंने सार्वभौमिक सिद्धांत दिया कि प्रत्येक क्रिया की समान और विपरीत प्रतिक्रिया होती है। यह चर्चा के इस विषय पर भी लागू होता है; मैं समझाता हूँ कैसे?

हालाँकि किसी भी अन्य चीज से पहले शायद उन लोगों के कुछ बेहतरीन उदाहरणों पर नजर डालना उचित होगा, जिन्होंने अपने व्यक्तिगत नुकसान को फायदे में बदल दिया और अंततः अपने क्षेत्र पर विजय प्राप्त की।

अपनी कमजोरी को ताकत में बदलना

सबसे पहला नाम जो दिमाग में आता है, वह है स्टीव जॉब्स का। डिस्लेक्सिया होने के कारण उन्होंने अपने माता-पिता के गैराज से एक कंप्यूटर कंपनी शुरू की और दुनिया के इतिहास में सबसे महान इलेक्ट्रॉनिक्स ब्रांडों में से एक बनाया।

दूसरा नाम विडंबनापूर्ण है, जिसने दुनिया को विज्ञान में संभवतः सबसे बड़ा योगदान दिया- अल्बर्ट आइंस्टीन सीखने की अक्षमता वाले एक विद्वान थे।

मुझे पता है कि ऐसा सुनना बहुत अच्छा लगता है। लेकिन किस चीज ने इन लोगों को अपनी कमियों या प्रतिकूलताओं से आगे बढ़ने और एक ऐसा मुकाम हासिल करने की अनुमति दी, जिसे हासिल करने के बारे में हममें से ज्यादातर लोग केवल कल्पना ही करते हैं? हालाँकि यह जवाब का एक हिस्सा हो सकता है, यह पूरी वास्तविकता नहीं है।

आप दुनिया के लगभग हर सफल व्यक्ति में एक सामान्य गुण पाएँगे, वह है अपनी कमियों और प्रतिकूलताओं से उबरने की उनकी क्षमता। स्थिति चाहे जो भी हो, परिदृश्य की प्रतिकूलता या इसकी अप्रत्याशितता, इन महान दिमागों ने हमेशा इसे अपने लाभ के लिए भले ही थोड़ा-सा ही सही मगर मोड़ने का एक तरीका ढूँढ़ लिया है।

क्या इस मानसिकता को सीखना कठिन है? बिल्कुल।

क्या यह व्यवहार में कठिन है? सीखने से भी ज्यादा।

क्या इससे मुझे मदद मिलेगी? मान लीजिए कि यदि ऐसा नहीं होता है, तो आपने इसे सही नहीं किया है।

इससे पहले कि मैं आपको बताऊँ कि आप अपनी व्यक्तिगत कमियों को कैसे दूर कर सकते हैं, मुझे संभवतः यह समझाना चाहिए कि जब मैं व्यक्तिगत नुकसान कहता हूँ तो मेरा क्या मतलब है। व्यक्तिगत नुकसान आम तौर पर व्यक्तिगत हानि या विफलता को संदर्भित करता है। उदाहरण के लिए, जब मैं छोटा था, हमारे पास ज्यादा पैसे नहीं थे। इसलिए, मेरे साथियों (वर्तमान में) को मिलने वाली शिक्षा की गुणवत्ता को आगे बढ़ाने का कोई विकल्प नहीं था।

व्यक्तिगत हानि घर में किसी अप्रत्याशित परिस्थिति के साथ जुड़ी किसी प्रकार की विकलांगता हो सकती है, जैसे किसी प्रियजन की मृत्यु या तलाक। व्यक्तिगत नुकसान के बारे में याद रखने वाली बात यह है कि यह अनिवार्य रूप से व्यक्ति-दर-व्यक्ति भिन्न होता है। एक कमरे में बंद रहना किसी व्यक्ति के लिए फायदेमंद हो सकता है, जबकि क्लॉस्ट्रोफोबिक व्यक्ति के लिए यह खुद को एक भयानक नुकसान के रूप में पेश करेगा।

मेरा कहना यह है कि व्यक्तिगत नुकसान कुछ भी हो सकता है, जो किसी व्यक्ति को पीछे या बड़े पैमाने पर स्थापित करता है, उन्हें रास्ते से भटका देता है। यह तुच्छ या सरल, छोटा या विशाल हो सकता है; कोई फर्क नहीं पड़ता कि इसे दूर करना एक नुकसान है। ऐसा करने के बुनियादी सिद्धांत वही रहते हैं।

तो, ये कौन-से सिद्धांत हैं, जिनके बारे में मैं बात करता रहता हूँ?

1. इसका स्वामी बनें (इसे हासिल करें)

मैं अपने व्यक्तिगत अनुभव से एक उदाहरण के साथ समझाऊँगा। एक मध्यम वर्गीय परिवार से होने के कारण मेरे पास अपनी स्नातक की पढ़ाई और अपने करियर को आगे बढ़ाने के लिए शानदार शिक्षा के अवसर का अभाव था। अपनी वित्तीय स्थिति से परेशान होने की बजाय मैंने वास्तविकता का सामना करना चुना। मैंने उन सभी चीजों को बेहतर बनाने पर ध्यान केंद्रित किया, जो मेरे नियंत्रण में थीं और जो एक सफल व्यक्ति बनने के मेरे अंतिम लक्ष्य में मेरी मदद करेंगी।

- व्यक्तिगत नुकसान की स्थिति में करने वाली पहली चीज नुकसान को स्वीकार करना है।
- इनकार में मत रहो। इसे नकारने से स्थिति पर काबू पाना कठिन हो जाता है और इसके अलावा यह आपको स्थिति के बारे में कुछ भी प्रभावी करने से रोकता है।
- COVID-19 महामारी और लॉकडाउन ने लगभग सभी के लिए व्यक्तिगत नुकसान उत्पन्न किया। पर क्या इस स्थिति को नियंत्रित करने के लिए आप कुछ कर सकते थे? नहीं, तो इसके दुख में क्यों डूबे रहो? हाँ, आप अपने कार्यस्थल पर नहीं जा सकते। लेकिन और भी बहुत कुछ है, जो आप कर सकते थे। आप अपस्किलिंग पाठ्यक्रमों में इंवेस्ट कर सकते थे, कार्यकुशलता में सुधार कर सकते थे और अपने घर से आराम से काम कर सकते थे!

2. अपनी स्थिति से उभरें

इससे कोई फर्क नहीं पड़ता कि आपकी स्थिति कैसी है, वह गुजर जाएगी। किसी करीबी व्यक्ति को खोने का दुख दुर्बल करने वाला हो सकता है, लेकिन एक दिन यह भी गुजर जाएगा। इस महामारी के बीच हमारे भविष्य के बारे में अनिश्चितता से रोजाना निपटना एक परेशान करने वाला विचार हो सकता है।

- एक रास्ता खोजें और अपने अंतिम लक्ष्य को ध्यान में रखते हुए अपनी स्थिति से आगे बढ़ें।
- यदि आपके मन में कोई विशिष्ट लक्ष्य नहीं है, तो आपका पहला कदम एक लक्ष्य तय करना होगा।
- ऐसा करने के बाद उस दिशा में काम करें।

हालाँकि इस तरह की स्थितियाँ आपके द्वारा उन्हें सुधारने या समाधान करने के लिए सक्रिय कार्रवाई किए बिना नहीं गुजरतीं। न्यूटन की गति का पहला नियम यह है कि कोई वस्तु तब तक स्थिर रहेगी, जब तक कि उस पर कोई सक्रिय बल न लगाया जाए।

इसलिए यदि आप नौकरी से बाहर हैं, तो आप तब तक नौकरी से बाहर रहेंगे, जब तक कि आप सक्रिय रूप से नौकरी की तलाश शुरू नहीं करते। यदि आप कॉलेज सबमिशन पूरा करने को लेकर तनावग्रस्त हैं, तो आप तब तक तनावग्रस्त रहेंगे जब तक कि आप आवेदन पर काम करना शुरू नहीं कर देते या जब तक आप इसे पूरा नहीं कर लेते। आपकी स्थिति चाहे जो भी हो, यह तब तक बनी रहेगी, जब तक आप इससे लड़ने का साहस या इच्छाशक्ति नहीं जुटा लेते और परिस्थिति से उबर नहीं पाते।

मैंने इस महामारी के दौरान लोगों को नौकरियाँ खोते देखा है। मैंने लोगों को तरक्की पाते देखा है। मैंने देखा है कि लोगों की नौकरी छूट जाती है, वे अवांछनीय वित्तीय और मानसिक स्थिति में होते हैं और फिर भी तब तक परेशान रहते हैं, जब तक उन्हें नई नौकरी नहीं मिल जाती।

खुद को प्रेरित करें और अपनी स्थिति से तब तक जूझते रहें, जब तक आप सुरंग से बाहर प्रकाश की ओर नहीं आ जाते। तब तक प्रयास करें जब तक कि आपका नुकसान आपके जीवन की समयरेखा पर एक झटके की तरह न लगने लगे।

3. असफलता आपकी सबसे बड़ी शिक्षक है

थॉमस अल्वा एडिसन ने प्रकाश बल्ब बनाने का प्रयास किया और कई प्रयासों के बाद सफल हुए। ध्यान रखें कि मैंने 'प्रयास' शब्द का प्रयोग किया था, असफलता का नहीं। हालाँकि उन हजार कोशिशों की किसी को परवाह नहीं है। दुनिया आज उन्हें बिजली के बल्ब के आविष्कार के लिए याद करती है।

- असफलता आपका सबसे बड़ा वरदान या अंतिम विनाश हो सकती है। जिन लोगों को असफलता दुनिया का अंत लगती है उनके लिए सफलता एक कल्पना बनकर रह जाएगी, क्योंकि उन्होंने असफलता के सामने आत्मसमर्पण कर दिया है।
- हालाँकि, यदि आप अपनी विफलता से मिली सीख का उपयोग कर सकते हैं, तो आपका अगला प्रयास अधिक फलदायी हो सकता है।

इसे संदर्भ में रखने के लिए, आइए परीक्षाओं के बारे में बात करें।

मान लीजिए आप सी.ए. बनना चाहते हैं। इस पेशे में शायद ही ऐसे लोग मिलें, जिन्होंने एक ही बार में एग्जाम क्रैक कर लिया हो। लेकिन अधिकांश सफल सी.ए. आपको बताएँगे कि उस परीक्षा को पास करने के लिए उन्हें कम-से-कम दो प्रयास करने पड़े।

अधिकांश सफल सी.ए. आपको यह भी बताएँगे कि पहले प्रयास की शिक्षाओं ने ही अंततः उन्हें दूसरे प्रयास में सुधार करने के लिए प्रेरित किया।

मेरा कहना यह है कि व्यक्तिगत नुकसान के साथ पैदा होना हमारे हाथ में नहीं है। लेकिन उन व्यक्तिगत नुकसानों से बनी स्थिति में रहना निश्चित रूप से एक विकल्प है। जिन तीन सिद्धांतों के बारे में मैंने बात की है, उन्होंने न केवल मुझे, बल्कि अनगिनत लोगों को उस कद तक पहुँचाया है, जिस पर वे आज हैं। मैं आपको केवल इस कथन के साथ छोड़ना चाहूँगा- इतिहास रचने के लिए केवल एक सफल प्रयास की आवश्यकता होती है। इसलिए विपरीत परिस्थिति से कोई फर्क नहीं पड़ता, अपने अंतिम लक्ष्य को ध्यान में रखकर प्रयास करते रहें।

इससे पहले कि आप अगले अध्याय पर जाएँ, यहाँ आपके लिए एक छोटा-सा अभ्यास है। उस लक्ष्य पर वापस जाएँ, जिसे आपने लगातार असफल होने के कारण छोड़ दिया था। पता लगाएँ कि क्या गलत हुआ और सफलता प्राप्त करने के लिए उस पर वापस लौटें!

चरण- 9

पारिवारिक अपेक्षाओं और व्यक्तिगत महत्वाकांक्षाओं को कैसे नियोजित करें?

अपने बारे में दूसरों की अपेक्षाओं का पालन करने में कोई आनंद शामिल नहीं है।
–मरियम टोज

सफलता की ओर आगे बढ़ते हुए आपके पथ पर अपेक्षाएँ और महत्वाकांक्षाएँ आपका खेल बना या बिगाड़ सकती हैं। परिवार, दोस्तों और समाज से अपेक्षाएँ अपरिहार्य हैं, हम खुद से जो अपेक्षा करते हैं, उसके साथ उन्हें संतुलित करना कठिन हो जाता है। हमारी महत्वाकांक्षाएँ और इच्छाएँ हमेशा हमसे अपेक्षित अपेक्षाओं के अनुरूप नहीं होती हैं और इससे अलग होने और अपने सपनों और लक्ष्यों के प्रति सच्चे होने के लिए बहुत ताकत की आवश्यकता होती है।

कुछ सप्ताह पहले मेरी मुलाकात अपने एक पुराने छात्र से हुई। मुझे याद है जब उसने हमारे साथ कोचिंग शुरू की, तो उसका सारा ध्यान इस बात पर था कि 'कौन उससे क्या उम्मीद करता है।' उसने कभी अपने लिए नहीं, बल्कि दुनिया की उम्मीदों के लिए काम या अध्ययन किया। इसका नतीजा यह हुआ कि वह हमेशा अपने ऊपर एक बोझ महसूस करता था। मुझे याद है कि मैंने उसे बाहरी अपेक्षाओं से मुक्त होने की सलाह दी थी और इसके बजाय ऐसे लक्ष्य निर्धारित करने की सलाह दी थी, जो उसके खुद के अनुरूप हों। जब मैं हाल ही में उससे मिला, तो ऐसा लगा कि सुझाव काम कर गया। वह अपने करियर में बहुत अच्छा कर रहा था और दूसरों से अपेक्षाओं का कोई बोझ न रखते हुए खुश था। यह अपेक्षाओं को ठोस लक्ष्यों से बदलने की शक्ति है। उम्मीदें अमूर्त हैं, जिसका अर्थ है कि आप उन्हें माप नहीं सकते, जबकि लक्ष्यों को एक अवधि में मापा जा सकता है।

उम्मीदें मानव अस्तित्व का एक अनिवार्य और अपरिहार्य तत्व हैं। इस मेहमान को आपके मन में खुद को घर जैसा बनाने के लिए किसी आमंत्रण की आवश्यकता नहीं है। रिश्ते, समाज और हमारी वास्तविकता आशा पर जीवित रहती है, जो आगे चलकर उम्मीदें बन जाती हैं।

यह समझना भी आवश्यक है कि अपेक्षाएँ अपरिहार्य हैं। यह पूरी तरह आप पर निर्भर है कि आप इसे आपको बनाने दें या आपको तोड़ने दें। याद रखें, उम्मीदें

भोजन में मसालों की तरह हैं; सही मात्रा से चमत्कार मुमकिन है, जबकि बहुत अधिक मात्रा आपके सिस्टम में खराबी पैदा कर सकती है।

जैसा कि मारिलु हेन्नर ने कहा था,

"अपने जीवन पर नियंत्रण रखना और अपनी दिन-प्रतिदिन की चुनौतियों के बारे में यथार्थवादी अपेक्षाएँ रखना तनाव प्रबंधन की कुंजी है, जो शायद एक खुश, स्वस्थ और पुरस्कृत जीवन जीने के लिए सबसे महत्वपूर्ण घटक है।"

सही संतुलन के साथ उम्मीदें वरदान साबित हो सकती हैं। तो आइए हम अपेक्षाओं के बारे में और अधिक समझें और उन्हें अपनी महत्वाकांक्षाओं के साथ नियोजित करें।

उम्मीदें कहाँ से आती हैं?

उम्मीदें अनुभव, संचार और भावनाओं से उत्पन्न होती हैं, जो हमारे और हमारे आस-पास जीवित अस्तित्व द्वारा योगदान करती हैं। जीवन की प्रगति के साथ हमें हर मोड़ पर सकारात्मक या नकारात्मक प्रभावों के अनुभव मिलते हैं।

'एक्सपेक्टेशन' शब्द लैटिन शब्द है, जिसका अर्थ है "प्रतीक्षा करना।" मनुष्य के रूप में हममें सकारात्मकता के प्रति गहरी रुचि है। आशाओं से सजी, अपेक्षाओं की बुनियाद बन जाती है।

इसलिएहमारे जीवन को नियंत्रित करने वाले अनजाने प्रभावों या यहाँ तक कि समझाई गई मान्यताओं के साथ अपेक्षाएँ अपरिहार्य हैं। हालाँकि शांतिपूर्ण जीवन को बर्बाद करने वाली अवास्तविक अपेक्षाओं को रोकने के लिए सही संतुलन खोजना आवश्यक है।

वास्तविक बनाम अवास्तविक अपेक्षाओं के बीच अंतर

स्वस्थ उम्मीदें किसी के लिए सर्वश्रेष्ठ की कामना करने की विचारधारा और समझ है, लेकिन दूसरों के व्यक्तित्व के प्रति समान सम्मान के साथ। हालाँकि अवास्तविक अपेक्षाएँ मूल रूप से इस सिद्धांत पर काम करती हैं कि लोग किसी के विचारों के प्रति बाध्य हैं, व्यक्तित्व के प्रति शून्य सम्मान के साथ।

जब उम्मीदें अपना प्रभाव खो सकती हैं, तब स्वस्थ उम्मीदें आपको अपरिहार्य निराशा के आगे झुकने से रोकती हैं। उदाहरण के लिए, उस धारणा और अपेक्षाओं पर विचार करें जिसे हम अक्सर उतना ही वापस पाने के लिए निर्धारित करते हैं, जितना हम देते हैं। चाहे वह हमारे माता-पिता, बच्चे, पति या पत्नी या हमारे

जीवन में कोई अन्य रिश्ते हों; हम अक्सर लोगों से उम्मीद करते हैं कि वे एक्शन की दिशा में काम करेंगे, जो हमारे इनपुट या विचार प्रक्रिया से मिलता जुलता है।

हालाँकि न्यूनतम अपेक्षा करना पूरी तरह से ठीक है, व्यक्तित्व की अवधारणा को समझना और स्वीकार करना भी उतना ही महत्वपूर्ण है। अपेक्षाओं के बंधन में बँधना आपके मानसिक स्वास्थ्य के लिए कभी भी उपयुक्त नहीं है।

अपने दायरे का विस्तार करें और इस समझ के साथ आगे बढ़ें कि कोई भी आपकी अपेक्षाओं को पूरा करने के लिए बाध्य नहीं है। साथ ही खुद को खूबसूरती से गिरने के लिए तैयार करें और आगे बढ़ने की दृढ़ इच्छाशक्ति के साथ सीखें।

आप व्यक्तिगत अपेक्षाओं का नियोजन कैसे करते हैं?

किसी भी बड़ी चीज की यात्रा आपके भीतर से शुरू होती है। इसलिए एक ऐसा दृष्टिकोण बनाना शुरू करें, जो निजीकृत (पर्सनलाइज्ड) और अनुशासित सेवा के साथ सर्वोत्तम अनुभव प्रदान करता हो।

1. अपने आप को महत्व दें

जीवन के रोजमर्रा के संघर्षों से गुजरना थका देने वाला हो सकता है, खासकर यदि आप व्यक्तिगत अपेक्षाओं से प्रभावित हों।

- हम आम तौर पर अपने सबसे बड़े आलोचक होते हैं और खुद के प्रति कठोर हो जाते हैं, जो हेल्दी नहीं है। व्यक्तिगत अपेक्षाओं का उपयोग स्वयं को बेहतर बनाने के लिए मार्गदर्शक सहयोगियों के रूप में किया जाना चाहिए।
- हो सकता है कि आप कभी-कभी उम्मीद से ज्यादा पीछे रह जाएँ, लेकिन जब तक आपमें वापसी करने की इच्छाशक्ति है, तब तक अपनी उम्मीदों पर खरा उतरना ठीक है।
- असफलताएँ सबक हैं, रुकावटें नहीं। सीखें और आगे बढ़ें।

2. अनुकूलन, अस्तित्व की कुंजी

परिवर्तन के अलावा, व्यक्तिगत अपेक्षाएँ भी हमारे जीवन में स्थिर रहती हैं।

- लगातार बदलते समय, विचारधाराओं और संभावनाओं के साथ अपनी अपेक्षाओं को समायोजित करना महत्वपूर्ण है।
- वापस बैठें और चीजों को अपने सामने देखें। निरर्थक अपेक्षाओं के साथ चलते रहने के बजाय स्थिति के अनुरूप ढलें।
- एक ब्रेक लें, परिदृश्य के अनुसार विचार करें और अनुमान लगाएँ।

3. स्वस्थ अपेक्षाओं (हेल्दी एक्सपेक्टेशन्स) को समझने और अवास्तविक धारणाओं को दूर करने के लिए समय दें

स्वयं के बारे में खुले दिमाग की समझ रखना एक परम आवश्यकता है।

- गति बनाए रखने या महत्वाकांक्षी ऊँचाइयों तक पहुँचने के लिए हम अक्सर खुद से अवास्तविक अपेक्षाएँ रखते हैं। स्वस्थ खुराक (हेल्दी डोजेज) में आगे बढ़ना ही आगे बढ़ने का सही तरीका है।
- अपनी टाइमलाइन को समझें, वर्तमान के लिए जिएँ और सबसे महत्वपूर्ण बात यह है कि अपने व्यक्तित्व का सम्मान करें।
- अपनी अपेक्षाओं को इस बात से प्रशिक्षित करें कि आप वास्तव में कौन हैं, न कि उसमें जो आप मानते हैं कि आप उसमें फिट होंगे।

आप बाहरी अपेक्षाओं का नियोजन कैसे करते हैं?

बाहर से आने वाली अपेक्षाओं को सँभालने की तुलना में व्यक्तिगत धारणाओं को पोषित करना आसान है। हालाँकि परिवार या दोस्तों से सही मात्रा में अपेक्षाएँ हमें मजबूत बना सकती हैं, लेकिन गलत मात्राएँ हम पर नकारात्मक प्रभाव डालती हैं, क्योंकि हम उन्हें अपने विचारों पर प्रभाव डालने की अनुमति देते हैं। आवश्यकता पड़ने पर सीमाएँ लागू करके इसे रोकने की आवश्यकता है। दूसरों की अपेक्षाओं को प्रबंधित करने के तरीके के बारे में स्वयं को जानने के लिए आगे पढ़ें:

1. संवाद करें और अपनी बात सुनें

एक अत्यधिक महत्वाकांक्षी और उपलब्धि हासिल करने वाले समाज में बड़े होते हुए, हम कम उम्र से ही अपेक्षाओं से घिर जाते हैं।

- बाहरी अपेक्षाओं के आगे न झुकें। आज कठिनाइयों को स्वीकार करके हम बाद के लिए केवल कठिनाइयाँ ही बोते हैं।
- जब थोड़ा-सा भी संदेह हो, तो बाद में पछताने और पीड़ा सहने के लिए अवास्तविक अपेक्षाओं के आगे झुकने के बजाय संवाद करें और अपने विचारों को आवाज दें।
- अपने कल की वास्तविक क्षमता की ओर अपना सर्वश्रेष्ठ प्रदर्शन करने के लिए आज ही साहस जुटाएँ।

2. सीमाएँ निर्धारित करें- ना कहने में कोई बुराई नहीं है

हमारी अपेक्षाएँ और राय चाहे जो भी हों, हमसे अक्सर दूसरों के दृष्टिकोण और

तरीकों के साथ तालमेल बिठाने की अपेक्षा की जाती है।

- लोगों के लिए बहुत अधिक उपलब्ध ना रहें; लोग उसका फायदा उठाना शुरू कर देंगे। सीमाएँ निर्धारित करना, दूसरों की संभावनाओं को अस्वीकार करना और स्वयं को चुनना महत्वपूर्ण है।
- जो कुछ भी मन में आए, वह केवल तभी करें जब आप इसे करने के लिए तैयार हों। बीमबा
- स्वयं को प्राथमिकता दें। अपनी प्राथमिकताओं और लक्ष्यों को जानें और अपने विकास के लिए अपनी रूपरेखा के अनुसार आगे बढ़ें, न कि इस बात पर जोर दें कि दूसरे आपके लिए यह कैसे चाहते हैं।

3. मतभेदों को स्वीकार करें और बोझ को कम होने दें

आपकी ओर से स्पष्ट संचार के बावजूद, कभी-कभी लोग अपनी अवास्तविक अपेक्षाओं पर जोर देना बंद नहीं करते हैं या अपनी अपेक्षाओं का बोझ कम नहीं करते हैं।

- गहरी साँस लें और छोड़ें। याद रखें, आप दूसरों के नकारात्मक विचारों को प्रभावित नहीं कर सकते और उन्हें बेहतर पक्ष नहीं दिखा सकते।
- समझें कि अधिकांश समय लोग व्यापक दायरे, सहानुभूति, लचीली सोच या व्यक्तित्व के प्रति खुले नहीं होते हैं।
- उनके साथ अपनी बातचीत पर विचार करें और बदलाव करें, जिससे उनकी अपेक्षाओं का बंधन टूट जाए।

अंत में, मैं इस बात को समाप्त करना चाहूँगा कि किसी भी चीज की अति बुरी होती है। बिना किसी संदेह के आपसे हमेशा सबसे अधिक अपेक्षाएँ की जाएँगी। सही संतुलन ढूँढ़ें और शांतिपूर्ण मानसिक विकास और स्वास्थ्य के लिए आंतरिक और बाहरी दोनों तरह की उचित मात्रा में अपेक्षा के साथ अपने लक्ष्यों और महत्वाकांक्षाओं के साथ आगे बढ़ें।

चरण- 10

इंटर्नशिप और प्रशिक्षण का महत्व

"सफलता रातोरात नहीं मिलती। यह तब होता है, जब हर दिन आप पिछले दिन से थोड़ा बेहतर हो जाते हैं। यह सब जुड़ता है।" - ***ड्वेन जॉनसन***

अनुभव सफलता का एक महत्वपूर्ण हिस्सा है। चाहे अच्छे हों या बुरे, वे जीवन में हमारे रास्ते को आगे बढ़ाने के लिए हमारे ज्ञान और प्रदर्शनों की सूची बनाने में मदद करते हैं। करियर के संदर्भ में इंटर्नशिप वह भूमिका निभाती है, खासकर यदि आप एक छात्र हैं। जबकि कई लोग इसे अंकों या अपने बायोडाटा के लिए करते हैं, सही इंटर्नशिप के साथ आप उस उद्योग में आसानी से बढ़त हासिल कर सकते हैं, जिसमें आप अपनी पहचान बनाना चाहते हैं।

आइए एक सफल करियर बनाने में इंटर्नशिप और उनके महत्व के बारे में जानें :

मेरे एक प्रशिक्षु ने एक बार मुझसे पूछा, 'मुझे इंटर्नशिप क्यों लेनी चाहिए?'

यह लाख टके का प्रश्न है, यानी कि बहुत ही उम्दा प्रश्न है यह।

बायोडाटा में अगर किसी ने इंटर्नशिप लिखा है, तो यह निश्चित रूप से बहुत अच्छा लगता है। लेकिन क्या इंटर्नशिप करने का यही एकमात्र उद्देश्य है? क्या आपके वरिष्ठों और अन्य पेशेवरों के अधीन कड़ी मेहनत करने वाले उन अनगिनत घंटों का कोई वास्तविक दुनिया में कोई लाभ नहीं है? यह अध्याय आपको इन प्रश्नों के उत्तर खोजने में मदद करेगा।

इंटर्नशिप क्या है?

जब इंटर्नशिप शब्द जेहन में आता है, तो यह पहला सवाल दिमाग में आता है।

सीधे शब्दों में कहें, तो इंटर्नशिप का तात्पर्य छात्रों या पेशेवरों को उनके संबंधित क्षेत्रों की क्षमता और समझ को बढ़ावा देने के लिए दिए जाने वाले अस्थायी रोजगार से है।

अनुभव के लिए अस्थायी रोजगार: इंटर्नशिप आम तौर पर कार्यकाल में छोटी होती है, जहाँ प्रशिक्षु अनुभवात्मक और व्यावहारिक सीखने की तकनीकों को

शामिल करते हुए अपने क्षेत्र के बारे में जितना संभव हो, उतना ज्ञान प्राप्त कर सकते हैं।

व्यावहारिक ज्ञान प्राप्त करना: उदाहरण के लिए एक इंटर्निंग डॉक्टर से ऑपरेशन थिएटर में सर्जन के साथ जाने की अपेक्षा की जाती है। भले ही वे वास्तव में ऑपरेशन पर काम नहीं करते हों, लेकिन प्रक्रिया, जटिलताओं और ऑपरेशन की जानकारी और प्रक्रिया में उपयोग किए जाने वाले उपकरणों के बारे में अधिक-से-अधिक जानकारी हासिल करना उनका काम है।

इसी तरह एक कानूनी प्रशिक्षु से यह अपेक्षा की जाती है कि वह एक कानूनी फर्म के भीतर की संस्कृति को सीखे और समझे और यह सीखे कि उनके नियोक्ता या वरिष्ठ उनके मामलों पर कैसे काम करते हैं। उनसे अपेक्षा की जाती है कि वे विभिन्न दस्तावेजों का मसौदा तैयार करने या संक्षिप्त विवरण तैयार करने या किसी सक्रिय मामले के संबंध में अपने तर्क और टिप्पणियाँ प्रस्तुत करने जैसे अनुभवात्मक कार्य करके सीखें।

इंटर्नशिप के प्रकार:

सभी क्षेत्रों में इसका उद्देश्य मुख्य रूप से किसी व्यक्ति के संबंधित क्षेत्र के बारे में सीखना है। इंटर्नशिप अनिवार्य रूप से दो प्रकार की होती है- पेड और नॉन पेड।

पेड इंटर्नशिप: पेड इंटर्नशिप, इंटर्नशिप के वे मौके हैं जो अपने इंटर्न को उनके द्वारा सँभाले गए काम के लिए भुगतान करते हैं, वेतन के रूप में नहीं, बल्कि वजीफा या कुछ और के रूप में जो इंटर्न को गुणवत्तापूर्ण काम करने के लिए प्रोत्साहन प्रदान करता है।

अधिकांश समय उस क्षेत्र में पूर्णकालिक कर्मचारी (पर्मानेंट एम्पलॉइ) के औसत वेतन की तुलना में वजीफा बहुत कम होता है। चूँकि एक प्रशिक्षु का उद्देश्य सीखना है, इसलिए इसे स्वीकार्य माना जाता है।

अनपेड इंटर्नशिप: दूसरी ओर, अनपेड इंटर्नशिप वह है जहाँ इंटर्न के लिए किसी प्रकार का मौद्रिक पारिश्रमिक नहीं होता है। बल्किपूरा ध्यान प्रशिक्षु को गुणवत्तापूर्ण प्रदर्शन और ज्ञान प्रदान करने पर है।

आम तौर पर छात्र पैसे कमाने के साधन के बजाय अपने पेशेवर मूल्य को बेहतर बनाने या डिग्री पूरी करने के लिए अपने संबंधित क्षेत्रों में अनपेड इंटर्नशिप लेते हैं। सामान्य तौर पर अधिकांश इंटर्नशिप का कार्यकाल 1 महीने का होता है, जिसे 1 वर्ष तक बढ़ाया जा सकता है।

अनुभवात्मक अधिगम (एक्सपीरिएंशल लर्निंग) कैसे मदद करता है?

इंटर्नशिप एक उम्मीदवार को रोजगार की दृष्टि से बेहतर प्लेसमेंट के लिए तैयार करती है। यह प्रशिक्षुओं को वास्तविक दुनिया के परिदृश्यों के लिए तैयार होने में मदद करता है और उन्हें उन परिदृश्यों से निपटने का सबसे अच्छा तरीका भी सिखाता है। यह अनिवार्य रूप से अनुभवात्मक शिक्षा को संदर्भित करता है। जब कोई अनुभव के साथ सीखता है, तो किताब से सीखने की तुलना में वह उस सीख को कायम रखने में अधिक सक्षम होगा।

अनुभवात्मक अधिगम (एक्सपीरिएंशल लर्निंग) की अवधारणा

अनुभवात्मक अधिगम की अवधारणा काफी समय से चली आ रही है। सबसे पहले एक मनोवैज्ञानिक डेविड कोल्ब द्वारा प्रस्तावित, यह कहा गया था कि अनुभवात्मक शिक्षा वह प्रक्रिया है, हाँ अनुभव के परिवर्तन के माध्यम से ज्ञान का निर्माण किया जाता है। वह ज्ञान उस अनुभव को समझने और बदलने के संयोजन का परिणाम है।

उद्योग के तेजी से कौशल-उन्मुख होने के साथ अनुभवात्मक शिक्षा भावी उद्योग के सदस्यों को उनके संबंधित क्षेत्रों में अनुभव प्राप्त करने की अनुमति देकर इन कौशलों को आत्मसात करने में अत्यधिक महत्वपूर्ण भूमिका निभाती है। अनुभवात्मक शिक्षा द्वारा प्रदान किए जाने वाले बुनियादी लाभ हैं-

1. अवधारणाओं पर बेहतर पकड़-

किसी अवधारणा के बारे में पाठ पढ़ने के बजाय जब प्रशिक्षुओं को वास्तविक दुनिया में किसी विशेष परिदृश्य या अध्ययन की वस्तु को देखने की अनुमति दी जाती है, तो प्रशिक्षु के लिए प्रक्रियाओं और अवधारणा के विभिन्न पहलुओं को समझना आसान हो जाता है।

2. रचनात्मकता को प्रोत्साहन मिलता है-

किसी समस्या को हल करने के लिए एक निर्धारित प्रक्रिया पर टिके रहने के बजाय वास्तविक दुनिया की 'अनुभवात्मक शिक्षा' छात्रों को समस्या को हल करने का सबसे अच्छा तरीका जानने के लिए अपने कौशल का उपयोग करने की अनुमति देती है।

3. पूर्वनिरीक्षण और आत्मनिरीक्षण से सीखने के मूल्य में वृद्धि होती है-

जब छात्र गलतियाँ करते हैं, तो वे न केवल कारणों पर विचार करते हैं, बल्कि वे स्थिति से निपटने के विभिन्न तरीकों के बारे में भी सोचते हैं। इससे गुणवत्तापूर्ण शिक्षा को बढ़ावा मिलता है, जिसे वे अपने पेशेवर जीवन में आगे जारी रख सकते हैं।

आपको इंटर्नशिप क्यों करना चाहिए?

अब जब हम जानते हैं कि इंटर्नशिप आपके संबंधित पेशेवर क्षेत्र में महत्वपूर्ण वास्तविक दुनिया का अनुभव प्रदान करती है, तो आइए समझें कि आपके लिए इंटर्नशिप के अवसरों की तलाश करने के अन्य क्या कारण हैं-

1. ढेर सारे अवसर खोलता है-

तथ्य यह है कि एक बार जब आप कहीं भी कुछ इंटर्नशिप अनुभव प्राप्त कर लेते हैं, तो आप कहीं और इंटर्नशिप के लिए आदर्श उम्मीदवार (आइडियल कैंडिडेट) बनने के करीब होते हैं।

- जब आपने कई इंटर्नशिप से कई अनुभव प्राप्त किए हैं, तो आप अनिवार्य रूप से उन अधिकांश चीजों के लिए तैयार हैं, जो पेशेवर दुनिया आप पर थोपेगी।
- आपके रेज्यूमे में कई इंटर्नशिप का होना आपके रेज्यूमे को औसत फ्रेशर (एवरेज फ्रेशर) के बीच खड़ा करने में महत्वपूर्ण भूमिका निभाता है।

2. व्यावसायिक एवं व्यक्तिगत विकास-

एक प्रशिक्षु के रूप में आपको अपने आराम क्षेत्र से बाहर निकलने और वास्तविक समय की स्थितियों में काम करने के लिए मजबूर किया जाएगा।

- परिणामस्वरूप, वे महत्वपूर्ण कार्य नैतिकता और एक मेहनती मानसिकता प्राप्त करते हैं, जो लंबे समय में उनकी मदद करने के लिए बाध्य है, चाहे वह उनके जीवन के पेशेवर पहलुओं में हो या व्यक्तिगत।
- उनके द्वारा हासिल किया गया चरित्र विकास (कैरेक्टर ग्रोथ) उनके पूरे जीवन जीने के तरीके को प्रभावित करेगा।

3. नेटवर्किंग-

आज के पेशेवर क्षेत्रों में नेटवर्किंग अद्वितीय महत्व की भूमिका निभाती है, क्योंकि यह आपको सुरक्षा प्रदान करने में मदद करती है।

- अधिकांश लोगों के लिए नेटवर्किंग का पहला कदम इंटर्नशिप के माध्यम से होता है। उदाहरण के लिए कानून का एक छात्र एक वकील के साथ इंटर्नशिप में अच्छा प्रदर्शन करता है, जो नागरिक मामलों से निपटता है और धीरे-धीरे उनमें एक-दूसरे पर पेशेवर विश्वास विकसित होता है। पाँच साल बाद यदि छात्र अपनी पेशेवर निकटता के कारण आपराधिक वकील बन जाता है, तो उसे बहुत सारा काम उसके वरिष्ठ द्वारा सौंपा जा सकता है।
- इसी तरहयदि कोई इंजीनियरिंग छात्र किसी बड़ी कंपनी में इंटर्नशिप करता है और वहाँ की टीम के साथ स्वस्थ (बढ़िया) पेशेवर संबंध (हेल्दी प्रॉफेशनल रिलेशन) बनाता है, तो स्नातक होने के बाद, उसे कंपनी के माध्यम से अवसर मिल सकते हैं। जिस कंपनी में आपने इंटर्नशिप की है, उसके साथ अनुबंध या अवसर हासिल करने की संभावना काफी हद तक उच्चतर है, क्योंकि आपके उनके साथ मौजूदा और पारस्परिक रूप से लाभकारी संबंध हैं।

4. अपने पेशे के लिए आवश्यक न्यूनतम सीमा से अधिक सीखें-

अधिकांश पाठ्यक्रम हमें किसी भी क्षेत्र की केवल मूल विषय-वस्तु ही पढ़ाते हैं। हालाँकिऐसे अनगिनत परिणाम हैं, जिनके बारे में हममें से अधिकांश लोग तब तक अनभिज्ञ रहते हैं, जब तक कि हम काम करना शुरू नहीं कर देते।

- सॉफ्टवेयर से जुड़े एक इंजीनियर के लिए यह समझना भी उतना ही महत्वपूर्ण है कि इंजन कैसे काम करता है।
- इसी तरह एक वास्तुकार (आर्किटेक्ट) को यह समझने में सक्षम होना चाहिए कि कॉन्ट्रैक्ट को कैसे सुरक्षित किया जाए और साथ ही यह भी पता होना चाहिए कि डिजाइन योजना को कैसे स्केच किया जाए।
- उद्योग के ये सबक केवल अनुभव से ही सीखे जा सकते हैं और इंटर्नशिप इस अनुभव की पेशकश करना चाहती है।

एक इंटर्नशिप प्रशिक्षण अनुभव आपको तकनीकी ज्ञान के साथ-साथ सॉफ्ट कौशल और परिणामी प्रक्रियाओं के ज्ञान से सुसज्जित एक पूर्ण पेशेवर बनने की अनुमति देता है, जो किसी भी परियोजना को जीवन में लाने की अनुमति देता है।

तथ्य यह है कि इंटर्नशिप बायोडाटा पर अच्छी लगती है, यह वास्तविक समय की स्थितियों में सीखने वाले छात्रों के लिए एक लाभ है। जब भी कोई प्रशिक्षु इंटर्नशिप के लिए चयन करता है या खोजता है, तो उसे ऐसे प्रमाणपत्र के पीछे भागने के बजाय ज्ञान और कौशल को बढ़ावा देना चाहिए, जिसका कोई वास्तविक मूल्य नहीं है।

इससे पहले कि आप अगले अध्याय पर जाएँ, यहांहाँ आपके लिए एक छोटा-सा अभ्यास है। लिंक्डइन पर एक प्रोफाइल बनाएँ और अपने क्षेत्र से संबंधित इंटर्नशिप के लिए आवेदन करना शुरू करें।

चरण- 11

आप अपनी पसंद की परीक्षा में अंक कैसे प्राप्त करते हैं या कर सकते हैं?

"सफलता दिन-प्रतिदिन दोहराए गए छोटे-छोटे प्रयासों का योग है।"

-रॉबर्ट कोलियर

परीक्षाएँ कठिन होती हैं, लेकिन उसके बाद आपके अंकों की आशा करना लगभग यातना है। क्या मैंने अच्छा किया? क्या मेरे अंक प्रवेश प्राप्त करने की अर्हता के लिए पर्याप्त हैं? हालाँकि अंक महत्वपूर्ण हैं, लेकिन दबाव के आगे झुके बिना अच्छे अंक प्राप्त करने के लिए निरंतर बने रहना भी उतना ही आवश्यक है। अंक प्राप्त करना आपके भविष्य के लिए महत्वपूर्ण हो सकता है, लेकिन साथ ही सीखना आपकी सफलता के लिए आवश्यक है। आइए जानें कि अच्छा स्कोर कैसे करें और वे आदतें जो आपको न्यूनतम तनाव के साथ ऐसा करने में मदद करेंगी।

रौनक घबराकर अपनी सीट पर बैठ गया। जैसे ही मनीष सर ने अपना फिजिक्स का पेपर अपनी मेज पर पटका और चले गए, उसने अपनी आँखें बंद कर लीं और एक गहरी साँस ली। उसने अस्थायी रूप से अपनी आँखें खोलीं और अपने स्कोर को देखा। वह असफल हो गया था। जैसे ही उसके मस्तिष्क ने सूचना को संसाधित करने का प्रयास किया, उसकी दृष्टि किनारों पर काली पड़ने लगी। जैसे-जैसे अँधेरा घिरता गया, एक बजती हुई आवाज उसकी चेतना में प्रवेश कर गई...

रौनक अपने बिस्तर पर बैठ गया, उसकी आँखें खुली हुई थीं और उसका दिल डर के कारण तेजी से धड़कने लगा था। यह महसूस करते हुए कि यह केवल एक सपना था, उसने आह भरी और थककर अपने बिस्तर पर वापस गिर गया। हालाँकि वह टॉपर था, लेकिन हर परीक्षा में अच्छा स्कोर करने की आवश्यकता के कारण उस पर बहुत दबाव और चिंता थी। वह चाहता था कि वह इसे आसानी से ले ले, लेकिन यह असंभव था।

पाँच मिनट बाद उसका अलार्म फिर से बजा और वह कराह उठा। अलार्म बंद करने के बाद, वह अपनी मेज की ओर यह दृढ़ संकल्प करते हुए बढ़ा कि वह अपने भयानक सपने को सच नहीं होने देगा और अपनी भौतिकी की किताब

खोली। ।

कड़वी सच्चाई यह है कि प्रत्येक छात्र को अपनी शैक्षिक यात्रा में अच्छे अंक प्राप्त करने की आवश्यकता का सामना करना पड़ता है। अंक आपके भविष्य को तय करने में एक अभिन्न भूमिका निभाते हैं, भले ही कोई उनके महत्व को नजरअंदाज कर दे, फिर भी अंक वह आधार हैं, जो यह परिभाषित करते हैं कि भविष्य में अपना करियर बनाने के लिए आपको कितनी कड़ी मेहनत करने की आवश्यकता होगी। अंक न केवल आपकी पसंद के कॉलेजों और पाठ्यक्रमों के लिए मार्ग प्रशस्त करते हैं, बल्कि वे आपके भावी नियोक्ताओं को एक कर्मचारी से अपेक्षित कुछ गुण भी दिखाते हैं, जैसे कड़ी मेहनत करने की इच्छा।

ऐसा कहने के बाद अधिकांश छात्र या तो स्वयं इस कठोर वास्तविकता का सामना करते हैं या बाहरी कारकों जैसे कि उनके माता-पिता और शिक्षकों द्वारा उन पर इसे लागू करने के कारण सीखते हैं। यदि आप इसे अभी पढ़ रहे हैं, तो आप शायद अपने अंकों को बेहतर बनाने के लिए एक समाधान खोजने की उम्मीद कर रहे हैं, जिसका अर्थ है कि आपने पहले ही स्वीकार कर लिया है कि अंक भविष्य के लिए महत्वपूर्ण हैं। यह छात्रों को उनकी पसंद की किसी भी परीक्षा में अच्छा स्कोर करने के इरादे को आगे बढ़ाने में मदद करने के लिए लिखा गया है।

अपनी परीक्षा में 90% से अधिक अंक प्राप्त करने के लिए आप कौन-सी सर्वोत्तम तकनीकों का उपयोग कर सकते हैं?

पहली बात जो छात्रों को याद रखनी चाहिए, वह यह है कि ज्यादातर समय किसी परीक्षा में 90% से ऊपर स्कोर करना केवल कड़ी मेहनत करने के बारे में नहीं है। स्मार्ट तरीके से काम करने से न केवल एक छात्र को किए जाने वाले श्रम की मात्रा कम हो जाती है, बल्कि परीक्षा में अच्छा स्कोर करने की उसकी संभावना भी काफी हद तक बढ़ जाती है। स्मार्ट वर्क एक आदत या अनुशासन है, जिसे छात्रों को अपने शेड्यूल में शामिल करना चाहिए, ताकि वे जितना चाहें उतना स्कोर कर सकें। इन रणनीतियों के बारे में अधिक जानने के लिए पढ़ते रहें, जिनके द्वारा छात्र स्मार्ट तरीके से काम कर सकते हैं और अपनी परीक्षा में 90% से अधिक अंक प्राप्त करने के अपने लक्ष्य को प्राप्त कर सकते हैं।

1. उचित समय प्रबंधन तकनीक

दुनिया के सबसे सफल लोग कुशल समय प्रबंधन को सफलता प्राप्त करने के प्रमुख तरीकों में से एक मानते हैं।

- एक छात्र के दैनिक कार्यक्रम में क्या अध्ययन करना है और वे क्या सीखना

चाहते हैं या क्या सीखना चाहते हैं इसकी विशिष्टताएँ शामिल होनी चाहिए।

- विषय की कठिनाई के अनुसार अध्ययन अवधि को संशोधित करें और परीक्षा में उनके महत्व के अनुसार प्राथमिकताएँ तय करें।
- समय प्रबंधन का सबसे आसान तरीका एक समय सारिणी या एक नियमित चार्ट बनाना है, जिसमें पढ़ाई के बीच उचित ब्रेक शामिल हो।

2. एक दीर्घकालिक अध्ययन कार्यक्रम

यदि कोई छात्र किसी परीक्षा में 90% से अधिक अंक प्राप्त करना चाहता है, तो उसके लिए अंतिम समय में अनियोजित, अव्यवस्थित तरीके से पढ़ाई शुरू करना न तो आसान है और न ही उचित है।

- एक अध्ययन योजना बनाएँ, जो उन विषयों की रूपरेखा तैयार करे, जिन्हें परीक्षा के लिए महत्वपूर्ण विषयों पर दुबारा गौर करने या संशोधित करने के लिए पर्याप्त समय की आवश्यकता है।
- आदर्श रूप से एक विषय के लिए लगभग एक दिन आवंटित करें और वास्तविक परीक्षा से पहले नमूना और पिछले वर्षों के प्रश्न पत्रों को हल करने के लिए पर्याप्त समय छोड़ दें।

3. स्वयं से प्रतिस्पर्धा करना

किसी परीक्षा की तैयारी में छात्रों को, पहले जो कर सकते थे उससे अधिक हासिल करने का लक्ष्य रखते हुए प्रतिदिन खुद से प्रतिस्पर्धा करने का प्रयास करना चाहिए।

- परीक्षा की तैयारी करते समय, सटीकता से समझौता किए बिना समस्याओं को हल करने में लगने वाले समय को कम करने का प्रयास करें।
- इससे समग्र उत्पादकता बढ़ती है, ताकि छात्र अपने काम की गुणवत्ता में सुधार कर सकें।
- छात्रों को लंबे समय में हतोत्साहित होने से बचने के लिए छोटे और प्राप्त करने योग्य लक्ष्य निर्धारित करने चाहिए।

4. उन विषयों को संबोधित करना, जिनसे एक छात्र संघर्ष करता है

बशर्ते कि छात्र ने पहले से तैयारी शुरू कर दी हो, छात्रों को सबसे पहले उन विषयों को समझने का प्रयास करना चाहिए, जो उन्हें कठिन लगते हैं।

- उदाहरण के लिए यदि किसी छात्र के लिए कार्बनिक रसायन विज्ञान एक कठिन विषय है, तो उन्हें उस विषय को समझने के लिए अधिक समय

और प्रयास देना चाहिए।

- हालाँकि छात्रों को प्रभावी परिणामों के लिए परीक्षा तिथि से पहले पाठ्यक्रम पूरा करने के लिए पर्याप्त समय रहते हुए तैयारी शुरू कर देनी चाहिए।

5. रटने की बजाय सीखें

कई छात्र प्रयास करने और अच्छे अंक प्राप्त करने के लिए अपनी अध्ययन सामग्री को रटने का सहारा लेते हैं।

- हालाँकिरटने से भौतिकी या गणित जैसे अवधारणा-आधारित विषयों का उत्तर देना और हल करना मुश्किल होगा।
- रटने की शिक्षा छात्रों को विषय का उत्तर देने में अपने ज्ञान को लागू करने से रोकती है।
- इसके अलावाअध्ययन के विषय की मूल अवधारणाओं और बुनियादी सिद्धांतों को समझने से छात्रों को अवधारणाओं को बेहतर ढंग से याद रखने में मदद मिलेगी।

6. स्मार्ट तरीके से पढ़ाई करें

जब दो विषय परीक्षा के लिए समान रूप से महत्वपूर्ण नहीं हैं, तो उन पर समान समय देने का कोई मतलब नहीं है।

- छात्रों को केवल कुछ अंकों के लायक विषयों के बजाय उन विषयों की अपनी समझ में सुधार करने पर ध्यान केंद्रित करना चाहिए, जो परीक्षा में पूछे जाने वाले हैं।
- उन विषयों को वेटेज दें, जिनके आपकी परीक्षा में आने की संभावना अधिक है।
- हालाँकि आदर्श परिदृश्य यह है कि छात्र पूरे पाठ्यक्रम को पहले ही पूरा करने का प्रयास करें, ताकि चयनात्मक अध्ययन की आवश्यकता पहले ही उत्पन्न न हो।

7. साथियों की मदद करने से न कतराएँ-

कुछ छात्रों का मानना है कि अपने साथियों को विषय और कठिनाइयाँ समझाना समय की बर्बादी है।

- हालाँकि अनुसंधान ने यह साबित कर दिया है कि किसी अवधारणा को समझाने से पढ़ाने वाले व्यक्ति को उस अवधारणा पर मज त पकड़ बनाने में मदद मिलती है।
- किसी को सीखने में मदद करने से उस विषय को दूसरे या तीसरे व्यक्ति

को समझाते समय आत्मनिरीक्षण और गहराई से विश्लेषण करने का मौका मिलता है।

- हालाँकि छात्रों को स्वयं के लिए अध्ययन करने और अपने साथियों की मदद करने के बीच संतुलन बनाना चाहिए।

8. सैंपल और पिछले वर्षों के प्रश्न पत्रों को रिवाइज करें

पिछले वर्षों के प्रश्नपत्रों को दुहराना और हल करना महत्वपूर्ण है और 90% से अधिक अंक प्राप्त करने का लक्ष्य रखने वाले छात्र के लिए इस पर पर्याप्त जोर नहीं दिया जा सकता है। चेक- इस पर पर्याप्त जोर नहीं दिया जा सकता है।

- पुनरीक्षण छात्रों को किसी विषय में अपनी सीख का पूरी तरह से विश्लेषण करने और किसी भी विषय को कवर करने की अनुमति देता है, जो पहली बार कवर करने पर छूट गए हों।
- दुहराने के बाद,छात्रों को पिछले वर्ष के प्रश्नपत्रों को हल करना चाहिए, ताकि छात्र अपनी सीख को परीक्षा में लागू कर सकें।
- छात्र रिवीजन के पहले दौर के बाद प्रश्नपत्र हल करना शुरू कर सकते हैं।
- जैसे-जैसे वे अधिक आश्वस्त होते जाते हैं, वे वास्तविक परीक्षा के समय के अनुसार खुद को समयबद्ध भी कर सकते हैं।
- दुहराने से छात्रों को वास्तविक परीक्षा के समान दबाव में अपने प्रदर्शन को बेहतर बनाने में मदद मिलती है।

इन युक्तियों और युक्तियों का सही ढंग से पालन करने पर छात्रों को उनकी पसंद की किसी भी परीक्षा में 90% से अधिक अंक प्राप्त करने में मदद मिलेगी।

शारीरिक व्यायाम और आराम के लिए पर्याप्त समय दें। किसी परीक्षा की तैयारी करते समय छात्र अक्सर अपनी जीवनशैली के अन्य पहलुओं की उपेक्षा कर देते हैं, क्योंकि उन्हें लगता है कि ऐसा करके वे अपना समय बर्बाद करेंगे।

हालाँकि ऐसे कई शोध हैं, जिन्होंने यह साबित किया है कि यदि शरीर स्वस्थ है, तो दिमाग बेहतर काम करेगा। आखिरी चीज जो कोई भी छात्र चाहेगा, वह है अपने करियर के लिए आवश्यक अंक प्राप्त करने के लिए check with author ऐसा कहने के बादहम छात्रों को शुभकामनाएँ देते हैं और आशा करते हैं कि यह उन्हें अच्छा स्कोर करने और अपने सपनों को प्राप्त करने के लिए कम-से-कम एक कदम और करीब लाएगा।

चरण- 12

अपने व्यक्तित्व और जीवन के लिए मानसिकता का निर्माण कैसे करें?

"एक बार जब आपकी मानसिकता बदल जाती है, तो उसके साथ-साथ बाहर की हर चीज भी बदल जाएगी।" ***-स्टीव माराबोली***

हालाँकि दिखावे महत्वपूर्ण हैं, अपने लिए एक सफल जीवन बनाने के लिए एक आकर्षक व्यक्तित्व और मानसिकता का होना भी महत्वपूर्ण है। जबकि हमारा लुक हमारी पहली छाप में योगदान देता है, यह समान रूप से अच्छे व्यक्तित्व के बिना नहीं रहेगा। इसलिए अपने आप पर काम करते रहें और ऐसा व्यक्ति बनें, जो अपने अस्तित्व से दूसरों को प्रेरित करे।

आइए एक अच्छी मानसिकता और व्यक्तित्व का निर्माण करने के बारे में और जानें:

सफलता के मात्रात्मक मापदंडों से समझौता किए बिना मानसिक, आध्यात्मिक और शारीरिक रूप से आपके जीवन के स्तर को बेहतर बनाने के अनगिनत तरीके हैं। ऐसा ही एक तरीका है आकर्षक व्यक्तित्व का निर्माण करना। सबसे पहले यह याद रखना महत्वपूर्ण है कि कोई भी परिवर्तन से प्रतिरक्षित नहीं है। आपको बस यह समझाने की जरूरत है कि सकारात्मक दिशा में बदलाव अच्छा है और अपने लक्ष्य की दिशा में काम करना बेहद जरूरी है।

अमेरिकन साइकोलॉजी एसोसिएशन व्यक्तित्व को सोच, भावना और व्यवहार के विशिष्ट पैटर्न में व्यक्तिगत अंतर के रूप में परिभाषित करता है। सरल शब्दों में, किसी का व्यक्तित्व उसके मनोविज्ञान या उसकी विशिष्ट विशेषताओं का मूल है। आपका व्यक्तित्व आपके व्यवहार के विभिन्न घटकों पर निर्मित होता है, जैसे कि आपकी प्रवृत्ति, आपके सोचने, महसूस करने और विभिन्न परिस्थितियों में व्यवहार करने का तरीका।

जबकि शारीरिक बनावट को अक्सर किसी व्यक्ति का व्यक्तित्व समझने की भूल की जाती है, यह केवल उसका एक हिस्सा है। रूप-रंग आपके व्यक्तित्व का एक महत्वपूर्ण पहलू हो सकता है, लेकिन आपका व्यक्तित्व आपकी शारीरिक बनावट पर भारी पड़ता है।

इस प्रकार, जबकि एक आकर्षक या वांछनीय व्यक्तित्व का निर्माण एक दीर्घकालिक प्रयास है, यहाँ कुछ बुनियादी अभ्यास दिए गए हैं, जिन्हें आप अपने दैनिक जीवन में शामिल करना शुरू कर सकते हैं, जो आपको इन परिवर्तनों को आसानी से अपनाने में मदद करेंगे।

1. बोलने से पहले सुनें

सुनना पहली चीजों में से एक है, जो हमें बच्चों के रूप में सिखाया जाता है और एक अच्छे कारण के लिए।

- अपने परिवेश और सामाजिक दायरे को सुने बिना आप जो कुछ भी कहते हैं या कहना चाहते हैं, वह कभी भी प्रासंगिक या सराहनीय नहीं होगा। मनुष्य एक सामाजिक प्राणी है और जानवरों को संवाद करने की आवश्यकता होती है।
- प्रभावी ढंग से संवाद करने के लिए आपसे बात कर रहे व्यक्ति की बात सुनें, इससे पहले कि आप उनकी कही किसी बात में कुछ जोड़ना चाहें।
- यह न केवल आपके सामने वाले व्यक्ति को आराम से बोलने की अनुमति देता है, बल्कि उन्हें इस तथ्य की सराहना करने की भी अनुमति देता है कि आप जो कुछ भी कहना चाहते हैं उसे सुन रहे हैं, बजाय इसके कि वे जो कहते हैं उसके खंडन में अप्रासंगिक भाषण जोड़ें।
- एक अच्छा श्रोता होने से आप अपने आस-पास की घटनाओं से अधिक जानकारी प्राप्त कर सकते हैं और बदले में आपके लिए अपनी परिस्थितियों या परिवेश से जुड़ना आसान हो जाता है।
- अपनी प्रत्येक बातचीत में प्रतिदिन लक्षित सुनने का अभ्यास करें, चाहे वह आपके नियोक्ता के साथ हो या आपके साथी के साथ।

2. अपने ज्ञान का दायरा बढ़ाएँ

सच कहूँ तो एक अधिकार प्राप्त व्यक्ति या एक ऐसे व्यक्तित्व के रूप में सामने आने के लिए जो ध्यान आकर्षित करता है (सकारात्मक अर्थ में), उन्हें अपने ज्ञान के दायरे को व्यापक बनाने के लिए निरंतर प्रयास में निवेश करना चाहिए।

- अपने आप में यह एक ऐसा अभ्यास है, जो कई लाभों को सुरक्षित रखता है, जिनमें से कुछ यह हैं कि यह व्यक्ति को तेज रहने, अपने विश्लेषणात्मक कौशल में सुधार करने और नई चीजें सीखने की अनुमति देता है, जिससे संबंधित हितों का विकास हो सकता है और उनकी रचनात्मकता को बढ़ावा मिल सकता है।

- एक बार जब आप अपने ज्ञान का दायरा बढ़ा लेते हैं, तो आप खुद को उन लोगों के साथ अधिक अधिकार के साथ बात करते हुए पाएँगे, जिन्होंने पहले से ही उन क्षेत्रों में कुछ हद तक प्रभुत्व स्थापित कर लिया है।
- यदि और कुछ नहीं तो यह एक अभ्यास है, जो आपको अधिकांश कमरों में सबसे चतुर व्यक्ति बना देगा।

3. बातचीत सुनने के साथ-साथ चलती है

ऐसी स्थिति की कल्पना करें जहाँ आप किसी व्यक्ति से बात कर रहे हों और वह जवाब में कुछ न कहे या बस यहाँ-वहाँ कुछ निरर्थक शब्द बोल दे। क्या वह ऐसी बातचीत होगी, जिसमें आप अपना समय निवेश करना चाहेंगे? नहीं।

- कोई भी किसी के 'साथ' के बजाय 'किसी पर' बोलना नहीं चाहता। अब,एक और स्थिति की कल्पना करें, जहाँ आप एक ऐसे व्यक्ति से बातचीत कर रहे हैं, जो आपकी बात सुनता है और सार्थक योगदान देता है।
- आम तौर पर यह एक ऐसी बातचीत होगी, जिसका हर कोई आनंद लेना चाहेगा, क्योंकि यह रचनात्मक है।
- इसलिए एक बार जब आप प्रभावी ढंग से सुनना शुरू कर देते हैं और अपने ज्ञान के दायरे को बेहतर बनाने का प्रयास करना शुरू कर देते हैं, तो आपको इसका अच्छा उपयोग करना चाहिए और गुणवत्तापूर्ण बातचीत करनी चाहिए, चाहे आप किसी से भी बात कर रहे हों।

4. अपने सामाजिक दायरे में सुधार करें

न केवल किसी के सामाजिक दायरे की गुणवत्ता में सुधार, बल्कि उस गुणवत्ता की मात्रा में भी एक आकर्षक व्यक्तित्व और मानसिकता को ढालने में काफी मदद मिलती है।

- ऐसे लोगों के आसपास रहना, जो आपको खुद को बेहतर बनाने की चुनौती देते हैं, आपको विकास की ओर प्रेरित करते हैं।
- कुछ लोगों के लिए यह सुधार साथियों के दबाव से आता है,और दूसरों के लिए यह आत्म-सुधार की इच्छा से आता है।
- भले ही आप उस लक्ष्य को कैसे भी पूरा करें, आपके सामाजिक दायरे में गुणवत्ता और मात्रा आपको उस लक्ष्य की ओर धकेलती है।
- उज्ज्वल दिमागों के साथ जुड़ने से आप एक सम्मोहक व्यक्तित्व के लिए वांछनीय मानसिकता को ढाल सकते हैं।

5. मजबूत बनें

प्रत्येक वांछनीय व्यक्तित्व में एक सामान्य गुण उन चीजों के लिए अपना पक्ष रखने की क्षमता है, जो आपके लिए महत्वपूर्ण हैं।

- व्यक्तित्व के इस पहलू को विकसित करने के लिए आपकी नैतिकता सही प्रकार की होनी चाहिए।
- हालाँकि जो चीजें बिल्कुल गलत हैं, उनके बारे में किसी भी तरह का अनुचित दबाव बनाए रखना इस तथ्य को स्थापित करने में महत्वपूर्ण भूमिका निभाता है कि आपके पास मानसिक लचीलापन है।
- जब सामने वाला व्यक्ति नैतिक रूप से गलत हो तो अटल रहने का अभ्यास करें। समय के साथ, यह आपके नियमित व्यक्तित्व का हिस्सा बन जाएगा।

6. उन चीजों की सराहना करें, जो सराहना के लायक हैं

ऐसे व्यक्ति के आसपास रहना अवांछनीय है, जो लगातार अपने आस-पास की हर चीज के बारे में शिकायत करता रहता है।

- एक व्यक्ति को जीवन में उन चीजों की सराहना करने की जरूरत है, जो सराहना के योग्य हैं।
- यह अभ्यास न केवल आपको खुश रहने देगा, बल्कि अपने बारे में अधिक केंद्रित और आश्वस्त होने में भी मदद करेगा।
- दुनिया में हर नकारात्मकता में एक सकारात्मकता है, तो केवल नकारात्मकता पर ही ध्यान क्यों दें?

7. अपने आस-पास के लोगों का सम्मान करें

जो जैसा होता है, वैसा ही होता है और यही कहावत सम्मान पर भी लागू होती है।

- यदि आप हर स्थिति में आसपास के लोगों के साथ उचित मात्रा में सम्मान के साथ व्यवहार करते हैं, तो आप अपने साथियों और अपने आसपास के लोगों द्वारा सम्मानित होंगे।
- यदि आप अपने आसपास के लोगों का सम्मान कर सकते हैं, तो आपके आसपास के लोग आपका सम्मान करने के लिए अधिक इच्छुक होंगे।
- भले ही यह मामूली बात लगे, लेकिन सम्मान व्यक्तित्व का एक पहलू है, जो दुनिया के हर महान व्यक्तित्व में निहित होता है।

8. सहानुभूति का अभ्यास करें

प्रत्येक व्यक्तित्व को जो चीज सुलभ बनाती है, वह है उसके दर्शकों की भावनाओं के साथ सहानुभूति रखने की क्षमता।

- स्थिति कोई भी हो, उससे गुजर रहे व्यक्ति के प्रति सहानुभूति दिखाने से उसका दिन बन सकता है। याद रखें कि सहानुभूति सहानुभूति के समान नहीं है, और बहुत से लोग सहानुभूति की सराहना नहीं करते हैं।
- प्रतीत होने वाली तुच्छ स्थितियों के प्रति सहानुभूति का अभ्यास करने से आपको एक बेहतर इंसान और परिणामस्वरूप, एक शानदार व्यक्तित्व के रूप में विकसित होने में काफी मदद मिलती है।

9. अपने सॉफ्ट स्किल्स का अभ्यास करें

सॉफ्ट स्किल्स लोगों पर अच्छा प्रभाव डालने में काफी मदद करती हैं।

- छोटी-छोटी बातें जैसे मजबूती से हाथ मिलाना, अपनी पसंद की कोई भी भाषा अच्छी तरह से बोलना, खुद को अच्छी मुद्रा में रखना और स्वच्छता और दिखावे पर ध्यान देना महत्वपूर्ण है।
- किसी भी संदर्भ में उपयुक्त और प्रासंगिक होने के कारण ये सभी चीजें किसी व्यक्ति के व्यक्तित्व की अभिन्न अंग बन जाती हैं।

10. अपने आप में कंफर्टढूँढ़ें

यदि आप अपनी त्वचा के साथ सहज नहीं रह सकते, तो इनमें से कोई भी अभ्यास एक अच्छा व्यक्तित्व विकसित करने के आपके प्रयास में किसी काम का नहीं होगा।

- आपकी मानसिकता आत्म-प्रेम की होनी चाहिए और जबकि आपको एक व्यक्ति के रूप में विकसित होने का प्रयास करना चाहिए, स्वयं के प्रति अत्यधिक आलोचनात्मक होना आत्मविश्वास को कम करने वाली आदत है और इससे अधिक मात्रा में बचना चाहिए।
- यदि आप स्वयं के साथ सहज हैं, तो आपका व्यक्तित्व आत्म-आश्वासन और आत्मविश्वास के रूप में सामने आएगा- एक महान व्यक्तित्व के लिए महान लक्षण!

जहाँ चाह, वहाँ राह। चाहे आपका शुरुआती बिंदु कुछ भी हो, सुधार की गुंजाइश हमेशा रहेगी। सफलता की महान ऊँचाइयों को प्राप्त करने के लिए व्यक्ति को अपनी मानसिकता और व्यक्तित्व को बेहतर बनाने पर लगातार काम करना चाहिए। उपरोक्त बिंदुओं का एक-एक करके अभ्यास करने से धीरे-धीरे यह व्यक्ति का स्वभाव बन जाएगा और अंततः व्यक्ति के व्यक्तित्व में सुधार होगा।

चरण- 13

शिक्षार्थी के जीवन से वास्तविक जीवन में प्रवेश

"अपने भविष्य की भविष्यवाणी करने का सबसे अच्छा तरीका इसे बनाना है।"

–अब्राहम लिंकन

जीवन की खूबसूरती इसमें है कि यह हमेशा बदलता रहता है। बचपन, विद्यार्थी जीवन, वयस्कता और अंततः वृद्धावस्था; जब आप पीछे मुड़कर देखेंगे, तो आपके जीवन की गति एक रोमांचक रोलर कोस्टर की सवारी के समान होगी और सबसे कठिन अवधि विद्यार्थी से वयस्क जीवन में प्रवेश की होगी। एक पूर्ण वयस्क के रूप में कार्य करना सीखना भयावह हो सकता है, लेकिन सही दृष्टिकोण और मानसिकता के साथ आप वर्षों में एक समझदार और अधिक परिपक्व व्यक्ति बन सकते हैं।

आइए जानें बेंच से ऑफिस डेस्क तक प्रवेश के बारे में और इसे कैसे सँभालें:

दर्जनों अन्य लोगों के साथ अपनी ग्रेजुएशन कैप को हवा में उछालते हुए अमित मुस्कुराया। अपने दोस्तों के साथ हँसते हुए उसने परिसर में चारों ओर नजर दौड़ाई। व्याख्यानों की यादें, समोसे के लिए कक्षाएँ छोड़ना, दोस्तों के साथ घूमना, सेमेस्टर के लिए रटना और अपनी परियोजनाओं को पूरा करने के लिए प्रोफेसरों के पीछे भागना, सभी भागते हुए वापस आए, और एक पल के लिए डर ने उसके दिल को जकड़ लिया। वह अब एक लापरवाह छात्र नहीं था; उसके पास नौकरी थी और भुगतान करने के लिए बिल थे।

और फिर उन्हें याद आया कि उनके पसंदीदा प्रोफेसर डॉ. मनोज ने कॉलेज के आखिरी दिन उनसे क्या कहा था; सबसे बुरी चीज जो आपके साथ हो सकती है, वह है जब आप चलना बंद कर देते हैं और जीवन में स्थिर हो जाते हैं।

जीवन कभी न खत्म होने वाला एक परिवर्तन है। शुरुआत से ही हमारा जीवन अपनी कहानी को खत्म करने के लिए एक अध्याय से दूसरे अध्याय तक आगे बढ़ता है। हालाँकि सभी चरण समान रूप से रहस्यमय और सम्मोहक हैं, छात्र जीवन से वास्तविक जीवन में संक्रमण काफी महत्वपूर्ण हिस्सा है।

एक शिक्षार्थी का जीवन

एक शिक्षार्थी के जीवन में आजीवन मित्रता, विद्रोही स्वतंत्रता, एक लापरवाह रवैया और कई मजेदार, हल्के-फुल्के अनुभव शामिल होते हैं। लेकिन एक दिन आप जागते हैं और महसूस करते हैं कि अब आप वयस्क हैं, जिसका अर्थ है कि आप यह समझने की कोशिश करते हैं कि 'वयस्क' वास्तव में क्या है और इसमें एक महत्वपूर्ण बदलाव शामिल है। परिवर्तन यद्यपि निरंतर कठिन भी हो सकता है; आप या तो इसे अपने साथ खींच सकते हैं या इसमें महारत हासिल कर सकते हैं।

एक शिक्षार्थी/छात्र के रूप मेंआपकी प्रमुख चिंताएँ ग्रेड और अपनी उपस्थिति बनाए रखना हैं। अंत में आपकी प्राथमिकता नौकरी ढूँढ़ने या उच्च शिक्षा हासिल करने में बदल जाती है। और फिर, उफान! आप अचानक खुद को काम करते हुए पाते हैंऔर नंबर आपकी ग्रेड शीट के बजाय आपके बैंक खाते पर दिखाई देते हैं।

परिवर्तन भारी हो सकता है, लेकिन वास्तव में एक छात्र के रूप में आपका जीवन एक अचानक प्रशिक्षण सत्र है, जो आपको वास्तविक जीवन का सामना करने में मदद करता है।

हालाँकि किसी भी स्थिति को सँभालने और उस पर काबू पाने के लिए व्यावहारिक ज्ञान आपको हमेशा बढ़त प्रदान करता है, तो आइए स्पष्ट प्रश्न से शुरुआत करें,

विद्यार्थी जीवन कार्य-जीवन से किस प्रकार भिन्न है?

आरंभ करने के लिए कार्य-जीवन और छात्र जीवन के बीच सबसे बड़ा विरोधाभास यह है कि आप स्वतंत्रता और स्वतंत्रता की व्यापक भावना प्राप्त करते हैं। आप अंततः एक अत्यधिक महत्वाकांक्षी और तेज गति वाली दुनिया में वास्तविकता का सामना कर रहे हैं। जबकि आपको एक छात्र के रूप में आपके प्रयासों के लिए ग्रेड के साथ पुरस्कृत किया जाता है, आपको एक कामकाजी वयस्क के रूप में आपके प्रयासों के लिए भुगतान किया जाता है।

हालाँकि पैसे और स्वतंत्रता के साथ जिम्मेदारियाँ भी आती हैं। छात्र जीवन में कुछ प्रतिबद्धताएँ होती हैं, लेकिन कामकाजी जीवन के दौरान वे कई गुना बढ़ जाती हैं। वास्तव में कार्य-जीवन आपके शेड्यूल को अनुशासित करता है, जिससे आप अधिक केंद्रित और जिम्मेदार बनते हैं।

विद्यार्थी जीवन से कामकाजी जीवन तक बड़ा बदलाव क्या है?

कामकाजी जीवन में एक और अचूक अंतर व्यक्ति और पर्यावरण है। यद्यपि छात्र जीवन में प्रतिस्पर्धा समान रूप से प्रचलित है, जीवन के इस चरण में आजीवन मित्रता कोई विदेशी अवधारणा नहीं है। वास्तव में यह आम तौर पर अंतिम चरण होता है, जहाँ वास्तविक मित्रता बनती है। कार्य-जीवन के मामले में व्यावसायिकता के बादलों से घिरी प्रतिस्पर्धा अत्यधिक व्यापक है। इसके अलावा व्यक्तिगत प्रतिबद्धताओं के कारण बाहर के काम से जुड़ना काफी थका देने वाला होता है।

हालाँकि छात्र जीवन और कार्य-जीवन दोनों में एक समानता है; आपके प्रयासों का हमेशा मूल्यांकन किया जाता है। आपको एक छात्र और एक पेशेवर दोनों के रूप में फीडबैक प्राप्त होता है। हालांलाँकि वास्तविक दुनिया में जोखिम और परिणाम अधिक होते हैं।

क्या एक सफल छात्र के लिए कामकाजी जीवन में बदलाव के लिए कोई तरकीबें हैं?

काम और स्कूली जीवन कई मायनों में विविध हैं, जो कठिनाइयों और पुरस्कारों के अपने हिस्से से सुशोभित हैं। जब आप छात्र जीवन से वास्तविक जीवन में संक्रमण करते हैं, तो मानसिक दबाव अपरिहार्य और वास्तविक होता है। हालाँकि परिवर्तन के माध्यम से आपका मार्गदर्शन करने के लिए कोई विशेष या स्पष्ट नियम नहीं हैं, फिर भी बुनियादी बुनियादी कार्य को जानने से हमेशा मदद मिलती है। याद रखें, योजना हमेशा आगे बढ़ने की रणनीति होती है। लेकिन योजना इस विचार के साथ आती है कि आगे क्या होने वाला है।

जैसा कि यवोन चौइनार्ड ने कहा,

"अज्ञात का डर सभी डरों में सबसे बड़ा डर है।"

और इसके साथ ही अगला प्रश्न आता है,

"छात्र जीवन से कार्य-जीवन की ओर बढ़ते समय किन चुनौतियों का सामना करना पड़ सकता है?"

छात्र जीवन से आगे बढ़ना और तेज-तर्रार, उच्च उपलब्धि वाले माहौल में प्रवेश करना निस्संदेह एक रोलर कोस्टर की सवारी है। फिर भी लचीलेपन, बदलाव के प्रति खुलेपन और अवसरों को स्वीकार करने और उनके अनुकूल ढलने की इच्छा का संयोजन संक्रमणकालीन यात्रा पर विजय पाने के लिए ईंधन है। इसलिए अपनी

सीट बेल्ट बाँध लें और उन चुनौतियों की पहचान करने के लिए आगे पढ़ें,जो आपके नेविगेशन के रास्ते में बाधा बन सकती हैं।

1. पैसा:

अक्सर हमने सुना है कि पैसे से खुशी नहीं खरीदी जा सकती। हालाँकि यह एक मायने में सच है, पैसा आपकी आजीविका का समर्थन करने के लिए आवश्यक एक बुनियादी आवश्यकता है। और जब आप अपने खर्चों के लिए जिम्मेदार हो जाते हैं, तो सही तरीके से आगे बढ़ना और बजट बनाना काफी कठिन हो सकता है।

- पैसा कमाना और अपने लिए भुगतान करना एक ही समय में भारी और डरावना हो सकता है। हालाँकि आप स्वतंत्र महसूस करेंगे और एक व्यक्ति के रूप में विकसित होंगे।
- इसके अतिरिक्त सही संतुलन का पता लगाना और यह पता लगाना कि आपको क्या चाहिए और आप क्या नियोजित कर सकते हैं, स्कूल के बाद की अपेक्षाओं का एक और हिस्सा है, जो आप सीखते हैं।

2. सामाजिक प्रदर्शन का व्यापक और नया दायरा:

छात्र के रूप में हम लापरवाह हो सकते हैं और काफी हद तक साहचर्य द्वारा शासित हो सकते हैं। आप ऐसे समूहों से मिलते हैं, जो आपकी विचारधाराओं या रुचियों को साझा करते हैं, जिससे आपस में मिलना-जुलना आसान हो जाता है।

हालाँकि वास्तविक और महत्वाकांक्षी दुनिया में हर कोई सर्वश्रेष्ठ बनना चाहता है और सब कुछ हासिल करना चाहता है।

- प्रतिस्पर्धा इतनी अधिक है कि आराम से बैठकर आराम करने का कोई समय नहीं है।
- कार्य-जीवन में सख्त व्यावसायिकता की आवश्यकता होती है, खासकर यदि आप लंबी दौड़ में बहुत आगे जाना चाहते हैं।
- हालाँकि यह सीखने के लिए भी एक बेहतरीन जगह है; अलग-अलग पृष्ठभूमि और अलग-अलग अनुभवों वाले पेशेवरों के साथ कार्य-जीवन सीखने के महान अनुभवों के लिए एक पैंडोरा खोलता है।

3. जिम्मेदारी:

विद्यार्थी जीवन से वास्तविक जीवन में परिवर्तन ढेर सारी जिम्मेदारियाँ लेकर

आता है। विलंब, लापरवाह दृष्टिकोण और अनुशासनहीन कार्यक्रम के दिन गए। जैसे-जैसे आप वास्तविक दुनिया में प्रवेश करते हैं, आप अपने कार्यों के लिए जवाबदेह हो जाते हैं।

- अब आप ऐसे ही दिनों की छुट्टी नहीं ले सकते। एक वयस्क के रूप में आपकी पत्तियों की निगरानी की जाती है और उन्हें सीमित कर दिया जाता है।
- कार्य प्रक्रिया, निष्पादन और दृष्टिकोण की निगरानी की जाती है और तदनुसार पुरस्कृत किया जाता है। वास्तविक दुनिया में वयस्कता के साथ आपके कार्यों के लिए जवाबदेह होने की जिम्मेदारी भी आती है।

फिर भी कभी-कभी भले ही आप स्वागत चिन्ह पर मोहर लगाना चाहें, परिवर्तन अपरिहार्य हैं। इसलिए तैयारी ही आगे बढ़ने का सबसे अच्छा तरीका है; उचित मार्गदर्शन के साथ हल्का-सा धक्का हमेशा आपके ट्रैक का पता लगाने में मदद कर सकता है। छात्र जीवन से कामकाजी जीवन में सहज परिवर्तन करने के कुछ तरीकों की खोज के लिए आगे पढ़ें।

1. परिवर्तन के विचार को स्वीकार करें:

जैसा कि हम सभी जानते हैं, परिवर्तन ही एकमात्र स्थिरांक है-संक्रमण की विचारधारा के लिए खुद को तैयार करें। जीवन परिवर्तन की एक श्रृंखला है। हम सभी जानते हैं कि हमें एक दिन बड़ा होना है।

- जिम्मेदारी लें और आगे बढ़ें। अपरिहार्य को टालने से कोई लाभ नहीं होता।
- परिवर्तन का सामना करें और अनुकूलन करें। कार्यदिवसों में केंद्रित और अनुशासित निष्पादन की आवश्यकता होती है।
- शांतिपूर्ण मानसिक स्थिति में व्यक्तिगत विकास प्राप्त करने के लिए, संगठन, फोकस और अनुशासन आपके नए संक्रमण चरण के मंत्र हैं।

2. एक ऐसी संरचना तैयार करें जो आपकी तारीफ करे:

एक छात्र के रूप में आपका प्रवाह उस संस्थान द्वारा निर्देशित होता है, जो आपके व्यक्तिगत विकास का निर्माण करता है। सेमेस्टर, पाठ्यक्रम, असाइनमेंट और परीक्षा से लेकर आप अपने व्यक्तिगत विकास को बढ़ाने का मार्ग जानते हैं। हालाँकि वास्तविक दुनिया में इसमें भारी बदलाव आता है।

- कार्य-जीवन के मामले में, आपको अपना रास्ता बनाना होगा। आपकी सपनों की नौकरी, उसे सुरक्षित करने का तरीका और अपने निजी जीवन को प्रबंधित करते हुए क्षेत्र में प्रगति करना पूरी तरह आप पर निर्भर करता है।

- इस प्रकार निर्णय लें और तय करें कि आपके लिए सबसे अच्छा क्या है, न कि झुंड कहाँ जा रहा है।

3. खुले दिमाग और धैर्य के साथ आगे बढ़ें:

एक बाहरी व्यक्ति के रूप में आप जिस कामकाजी दुनिया में प्रवेश करने जा रहे हैं, उसके बारे में आप एक दृष्टिकोण रख सकते हैं और यह तब तक ठीक है, जब तक आप लचीले हैं। शिक्षक, वरिष्ठ, माता-पिता या सामाजिक मंच जैसे कई कारकों के साथ आप आसानी से प्रभावित हो सकते हैं।

- ज्ञान अच्छा है; पहचानो कि तुम क्या कर रहे हो। लचीलापन पैदा करें। खुली मानसिकता के साथ आगे बढ़ें, क्योंकि कार्य-जीवन आपको अलग-अलग अनुभवों और लोगों की दुनिया से परिचित कराता है। हर स्तर पर सीखने की स्वीकृति के साथ अपने विचारों में ज्ञान जोड़ने के लिए संरेखित करें।
- धैर्य रखें; आपको विविध अनुभवों का सामना करना पड़ेगा और कुछ आपको निराश कर सकते हैं। बस उनसे सीखें और आगे बढ़ते रहें।
- कई बार आपको सराहना नहीं भी मिल सकती है। याद रखें कि यह अंत नहीं है; जब तक आप चलते रहेंगे, तब तक दौड़ में बने रहेंगे।
- गिरावट पर चिंतन करें, अपने औजारों को तेज करें और प्रेरणा और धैर्य के साथ आगे बढ़ें।

4. कम महत्वपूर्ण अपेक्षाओं से शुरुआत करें:

रोम एक दिन में नहीं बना था। वयस्क होने के विचार को अक्सर आकर्षक बना दिया जाता है, लेकिन याद रखें कि यह सिसिर्फ आभासी दुनिया है।

- वास्तविक जीवन में जब आप कार्य-जीवन में परिवर्तन करते हैं, तो आप एक नौसिखिए के रूप में प्रवेश करते हैं। आप पहले ही दिन राष्ट्रपति पद के लिए नहीं दौड़ेंगे। इसलिए पुनः समायोजित उम्मीदों के साथ आगे बढ़ें।
- सीखने के साथ अपनी धार तेज करें और विद्यार्थी जीवन से कामकाजी जीवन की ओर बढ़ने के लिए छोटे-छोटे कदम उठाएँ।

5. अपने दोस्त बनें:

कठिन रास्ता अपनाना कभी भी सही रास्ता नहीं होता। अपने स्वयं के मित्र बनें और दबाव और तनाव लेने से बचने के लिए स्वयं का मार्गदर्शन करें।

- जब बहुत अधिक मानसिक तनाव के कारण सब कुछ खराब हो रहा हो, तो मदद के लिए आगे बढ़ें। यह पता लगाने के लिए कि क्या कोई रास्ता है, संवाद करें और बात करें।
- परिवर्तन कठिन हो सकते हैं, विशेषकर तब जब आपके पास उनका सामना करने का अनुभव न हो। शुरुआत में ही लड़खड़ाना बिल्कुल ठीक है।
- एक शांतिपूर्ण और स्वस्थ दिमाग उच्च दक्षता प्रदान करता है, इसलिए अपने मित्र बनें और संक्रमण के दौरान अपनी मदद करें।

मैं यह निष्कर्ष निकालना चाहूँगा कि सही दृष्टिकोण, तैयारी और समन्वय के साथसबसे कठिन बदलाव भी सहज होंगे। मुख्य उद्देश्य छात्र जीवन से वास्तविक जीवन में एक कुशल संक्रमण को पूरा करने के लिए शांतिपूर्ण मानसिक स्थिति और महत्वपूर्ण गतिविधियों के बीच संतुलन बनाना है। वास्तव में आप अंततः इस नए अनुभव की ओर प्रेरित होना चाहेंगे।

एक छोटे-से अभ्यास के रूप में लिखिए कि आपको क्या लगता है कि कामकाजी जीवन कैसा होगा। एक बार यह हो जाने पर अपने माता-पिता या अन्य कामकाजी मित्रों से बात करें और अपनी सूची में मौजूद मिथकों और गलत तथ्यों को दूर करें।

चरण- 14

सफल जीवन के लिए स्वयं को तैयार करें

"सफलता अंतिम नहीं है; असफलता घातक नहीं है, इसे जारी रखने का साहस ही मायने रखता है।" ***-विंस्टन एस चर्चिल***

काम चाहे कितना भी बड़ा या छोटा हो, हम हमेशा उसे सफलतापूर्वक पूरा करने के इरादे से ही करते हैं। कड़ी मेहनत, दृढ़-संकल्प, अनुशासन और दृढ़ता से सफलता प्राप्त होती है। हाँ, निराश होना आसान है, लेकिन अगर आप आसानी से हार मान लेंगे, तो आपको अनंत निराशा का सामना करना पड़ेगा। हालाँकि आप किसी बिंदु पर असफल हो सकते हैं, जब तक आप उन बाधाओं को पार करते रहेंगे, तब तक आपको अंततः अपनी मंजिल तक पहुँचने से कोई नहीं रोक पाएगा।

आइए जानें कि सफलता के लिए कैसे योजना बनाएँ और तैयारी करें:

सफलता जीवन के सबसे बुनियादी और मामूली कार्यान्वयन का भी अंतिम लक्ष्य है। प्रत्येक क्रिया सफलता की निर्णायक रूपरेखा की ओर बढ़ती है। चाहे वह आपके रिश्ते, करियर, स्वास्थ्य या खुशी हो: आप अक्सर सर्वश्रेष्ठ हासिल करने के प्राथमिक लक्ष्य के साथ आगे बढ़ते हैं।

हालाँकि,यह भी याद रखना महत्वपूर्ण है कि सफलता लंबे समय तक चलने वाले मैराथन की ट्रॉफी है। जिंदगी अनगिनत मोड़ों से गुजरती हुई पटरियों पर बनी है। जीवित रहने और सफल अस्तित्व के अपने अंतिम लक्ष्यों तक पहुँचने के लिए जीतने के लिए दृढ़ता, कड़ी मेहनत, प्रतिबद्धता और अनुशासन जैसे मौलिक घटकों में महारत हासिल करना नितांत आवश्यक है।

सफलता सफल होने के दृढ़-संकल्प के साथ इच्छा का मौलिक अभ्यास है। योग्यताएँ और कौशल, व्यर्थ हैं यदि उन्हें योजना और अभ्यास के साथ प्रयोग नहीं किया जाता है। ये दोनों गुण आपकी सफलता का मार्ग प्रशस्त करने के लिए साथ-साथ चलते हैं। एक के बिना दूसरा वैसा ही है जैसे पानी के बिना भोजन। सफलता को पोषित करने के लिए दोनों समान रूप से महत्वपूर्ण हैं। सरल शब्दों में, सफलता की तैयारी के बिना सफलता की योजना बनाना कुछ भी नहीं है।

हालाँकि, किसी को आश्चर्य हो सकता है कि दोनों में क्या अंतर है।

'सफलता के लिए योजना बनाना' 'सफलता के लिए तैयारी' से किस प्रकार भिन्न है?

इस प्रश्न का उत्तर देने के लिए हम इसकी मूल परिभाषा पर विचार करते हैं; नियोजन वह लेआउट है, जिसे आप स्केच करते हैं, अपनी संपत्ति का वजन करते हैं और अपने लक्ष्य तक पहुँचने के लिए मानचित्र तैयार करते हैं। जबकि तैयारी अपनी योजना को क्रियान्वित करने के लिए अभ्यास और व्यायाम के साथ तैयार होना है। एक के बिना दूसरा पूर्णतः बर्बादी है, वहीं दूसरी ओर तैयारी के साथ अनुशासित योजना अद्भुत काम करती है।

वास्तविक जीवन में हमारे रास्ते में जो भी आता है, उस पर हमारा बहुत कम नियंत्रण होता है। ऐसे में कभी-कभी योजना खराब हो सकती है और ऐसे परिदृश्यों में केवल तैयारी ही दिन बचाती है। योजना आपको आरंभ करवाती है और तैयारी आपको सफल होने के लिए अतिरिक्त लाभ प्रदान करती है। किसी स्वादिष्ट व्यंजन की योजना बनाने से आप अपने बिस्तर से उठ सकते हैं। हालाँकि, सही तैयारी स्वादिष्ट भोजन की जीत सामने लाती है।

यहाँ जिस बात पर विचार करने की आवश्यकता है, वह यह है कि सफलता एक व्यापक अवधारणा है। इच्छा, दृढ़-संकल्प, कड़ी मेहनत, योजना और कार्यान्वयन इस लंबी यात्रा के कई मील के पत्थर हैं। यह कहने के बाद कि सफलता पर विजय प्राप्त करना एक दीर्घकालिक प्रयास है, यहाँ कुछ बुनियादी अभ्यास दिए गए हैं, जिन्हें आप सफलता के जीवन के लिए खुद को तैयार करते समय अपनी रणनीति में शामिल और कार्यान्वित कर सकते हैं:

1. ज्वलंत इच्छा

आरंभ करने के लिए इच्छा मौलिक गुण है और जब दाँव सर्वोत्तम हासिल करने के उद्देश्य और दृष्टिकोण जितना ऊँचा हो, तो कमजोर झुकाव आसानी से खत्म हो जाते हैं।

- एक छोटी-सी लौ मोमबत्ती को जला सकती है। यह अग्निमशाल को रोशन करने के लिए पर्याप्त नहीं है। इसी प्रकार कमजोर इच्छाशक्ति के साथ शुरुआत करने से यात्रा अपने उचित प्रसार से बहुत पहले ही खत्म हो जाती है।
- जब आप दृढ़ निश्चय और अनुशासन से सजी एक ज्वलंत इच्छा से जगमगा रहे होते हैं, तो शुरुआती बिंदु आपको अपनी कार्य योजनाओं को पूरा करने के लिए अधिकखसे-अधिक दिशाओं और दिशाओं की ओर धकेलता है।

अपना फोकस बदलें

सफलता की राह में सबसे बड़ी रुकावटों में से एक है 'डर'। विफलता या हानि का डर अत्यधिक बिगड़ सकता है; यह आगे बढ़ने की आपकी क्षमता को खत्म कर देता है।

- अपना ध्यान बदलें; जीतने की योजना बनाएँ और उस पर अडिग रहें। जैसा कि कहा जाता है, "चंद्रमा को निशाना मानो।" अगर आप चूक भी गए, तो भी आप सितारों के बीच पहुँच जाएँगे।"
- असफलता कभी दुश्मन नहीं होती। यह आपके दृष्टिकोण के आधार पर आपकी सहयोगी हो सकती है। याद रखें कि प्रयास की कमी ही आपकी असली अभिशाप है।
- जब आप असफलता के दबाव में आगे बढ़ते हैं, तो आप कमजोर स्थिति से शुरुआत करते हैं। आपके प्रयासों में उनकी पूरी क्षमता का अभाव है और जैसे-जैसे आप आगे बढ़ेंगे, वे आसानी से बढ़ते दबाव के आगे झुक सकते हैं।
- प्रेरणा से आगे बढ़ने पर ध्यान दें, हताशा से नहीं।

प्रतिबद्धता पर जोर

प्रेरणा आपको आगे बढ़ने के लिए प्रेरित करती है। यह प्रतिबद्धता ही है, जो आपको आगे बढ़ने में मदद करती है। जैसा कि जीन-पॉल सार्त्र ने ठीक ही कहा था,

"प्रतिबद्धता एक कार्य है, शब्द नहीं।"

- सरल शब्दों में, प्रतिबद्धता दृढ़ इरादे के साथ संयुक्त इच्छा और निष्ठा है और बाधा उत्पन्न करने वाली बाधाओं के दौरान कार्य योजना या उद्देश्य को पूरा करने पर ध्यान केंद्रित करती है।
- प्रबल प्रतिबद्धता के साथ आप हारने के डर से बचने के लिए नहीं बल्कि जीतने के लिए खेलने पर ध्यान केंद्रित करते हैं। और जब आप जीतने पर ध्यान केंद्रित करते हैं, तो आप और अधिक तैयारी करते हैं।
- याद रखें, कोई भी स्थिति आदर्श नहीं होगी, सफलता ऊँची कीमत माँगेगी, इसलिए चाहे आप हवा के साथ बहें या विपरीत, महत्वपूर्ण हिस्सा दृढ़-संकल्प और प्रतिबद्धता के साथ चलते रहना है।

जैसे-जैसे आप आगे बढ़ें, अपना ज्ञान बढ़ाएँ

आर्थर ऐश के शब्दों के साथ शुरुआत,

"सफलता एक यात्रा है, मंजिल नहीं। अक्सर परिणाम से अधिक महत्वपूर्ण करना होता है।"

कार्य योजना का अगला महत्वपूर्ण पहलू जो आपको सफलता के अभियान के लिए तैयार करता है, वह यात्रा ही है।

- जैसे-जैसे आप अपने सपनों को हासिल करने और उन पर विजय पाने के रास्ते पर आगे बढ़ते हैं, विविध अनुभवों से गुजरता हुआ जीवन आपके सामने आता है। चाहे ये अनुभव आनंददायक हों या विनाशकारी, कभी-कभी वे बीच का रास्ता खोज लेते हैं।
- जीवन में प्रत्येक अनुभव से मिलने वाली एक सामान्य संभावना वह सबक है, जो आप सीखते हैं। उम्मीद की किरण को पहचानना और समझना आप पर है।
- अपना ज्ञान बढ़ाएँ, यात्रा पर ध्यान केंद्रित करें, अपनी गलतियों से सीखें और अधिक क्षमता के साथ खेल में वापस आएँ।

दृढ़ता की शक्ति

सफलता की यात्रा कभी आसान नहीं होती। यहाँ तक कि सफल जीवन के लिए बुनियादी योजना और तैयारी भी असफलताओं से भरी होती है।

- सफल जीवन की तैयारी करते समय, विभिन्न अन्य गुणों के संयोजन के साथ दृढ़ता एक महत्वपूर्ण उपकरण है।
- बाधाएँ और गिरावट अपरिहार्य हैं। हालाँकि, टाल-मटोल करने और वापस लौटने की इच्छा आपकी कार्य योजना को मजबूत करती है।
- लक्ष्य से चूकने पर हार मानना अधिक आसान होता है, लेकिन आपका धैर्य आपको विजेता बनाता है।
- अक्सर लोग हार जाते हैं क्योंकि वे आसान रास्ता चुनते हैं और संघर्ष की राह छोड़ देते हैं; हालाँकि, दर्द और उद्देश्य दृढ़ता को बढ़ावा देते हैं, जो अंततः आपको सफलता की ओर ले जाते हैं।

ध्यान भटकाने से बचें

जब आप अच्छे परिणाम प्राप्त करने के लिए अपनी यात्रा पर आगे बढ़ते हैं, तो विकर्षण आपके रास्ते में बाधा डालने लगते हैं।

- निरर्थक पहलुओं को पहचानकर उनका त्याग करें और अपना ध्यान चुनौतियों तथा सीखने पर केंद्रित करें।
- उन चीजों को सूचीबद्ध करें, जो आपका समय बर्बाद करती हैं और इन विकर्षणों से बचने के लिए दृढ़ रहें।

सकारात्मक दृष्टिकोण बनाएँ

जब आप सफलता पाने की तैयारी कर रहे हों, तो रवैया एक महत्वपूर्ण भूमिका निभाता है।

- एक सकारात्मक दृष्टिकोण अक्सर समस्या की उचित स्वीकृति की लापरवाही के साथ भ्रमित हो जाता है।
- याद रखें, सकारात्मक दृष्टिकोण का मतलब किसी समस्या से आँखें मूंद लेना नहीं है। वास्तव मेंयह समाधान-केंद्रित होने के बारे में अािक है।
- सकारात्मक मानसिकता आपकी कार्य योजना का पूरक है, विकल्प नहीं।

रणनीति

याद रखें, आप एक आकर्षक साम्राज्य का निर्माण कर रहे हैं अर इसका लेआउट एक बुनियादी आवश्यकता है।

- कम-से-कम चार दिन पहले के लिए कब, क्या और कैसे की योना बनाएँ और तैयारी करें। आपको भविष्य को लेकर तनाव लेने की जरूरतनहीं है।
- अपने तत्काल कल के लिए तैयारी करें। रणनीति बनाना कार्य ।जना में एक अंतर्दृष्टि प्रदान करता है और आपको मजबूत आधार पर भ्ष्य का सामना करने के लिए तैयार करता है।

अपनी सबसे बड़ी संपत्ति और सहयोगी बनें

यह आपकी यात्रा है, अपने लक्ष्य निर्धारित करने और उन्हें प्राप्त करन्के लिए दूसरों पर निर्भर न रहें।

- हालाँकि भावनात्मक समर्थन के लिए दूसरों की ओर देखना बिल्ल ठीक है, लेकिन निर्भरता की आदत से बचना भी फायदेमंद है।
- जब आप वास्तविक दुनिया में जाएँगे, तो आप अकेले ही परिस्थियों का सामना कर रहे होंगे। इसलिए स्वतंत्रता की आदत डालें।
- अपनी इच्छाशक्ति को मजबूत करें और खुद पर विश्वास रखें।

बर्नआउट से बचें

अपने लक्ष्य को प्राप्त करने के लिए योजना बनाना और प्रयास करनहत्वपूर्ण है; हालाँकि, अपनी दृष्टि को जुनून में बदलने से बचने के लिए संतु बनाए रखना भी उतना ही महत्वपूर्ण और आवश्यक है।

- अपने उद्देश्य पर ध्यान न दें; इस पर ध्यान केंद्रित न करें। मौज-ती और विश्राम के संतुलित स्पर्श के साथ अपने आप को उत्पादक और स्य रखें।

- बढ़ने के तरीके खोजें, लेकिन अपनी मानसिक शांति को दाँव पर लगाकर नहीं।
- एक स्वस्थ दिमाग स्वस्थ अस्तित्व की कुंजी है, जो अंततः कुशल कामकाज और अच्छे परिणामों का राजमार्ग है।

अंत में, मैं यह निष्कर्ष निकालूँगा कि सफलता के जीवन के लिए खुद को तैयार करने की रणनीतियाँ कोई रॉकेट साइंस नहीं हैं। दृढ़ इच्छाशक्ति से कोई भी इसमें महारत हासिल कर सकता है। हम सभी के भीतर छिपे हुए खजाने हैं; इसके लिए बस गहन चिंतन और पहचान की आवश्यकता है। आज से ही शुरुआत करें, अपनी ताकत को पहचानें और जानें कि सफलता का जीवन हासिल करने के लिए क्या करना पड़ता है। याद रखें; योजना, तैयारी, कड़ी मेहनत और दृढ़ता का कोई विकल्प नहीं है।

जैसे ही आप इस पुस्तक के अंत तक पहुँचते हैं, याद रखें कि सफलता सिर्फ एक मंजिल नहीं है; यह दृढ़ता, लचीलेपन और और दृढ़-संकल्प की यात्रा है। हर चुनौती को आगे बढ़ने के एक अवसर के रूप में और हर असफलता को एक छिपे हुए सबक के रूप में स्वीकार करें। अपने सपनों की शक्ति पर विश्वास करें, क्योंकि उनमें आपकी वास्तविकता को आकार देने की क्षमता है। इस पुस्तक को वह उत्प्रेरक और साधन बनने दें, जो नई ऊँचाइयों तक पहुँचने और असंभव पर विजय पाने के लिए आपकी प्रेरणा को प्रज्वलित करती है। आपके भीतर सफलता की अपनी परिभाषा गढ़ने की ताकत और दृढ़ता है। प्रयास करते रहें, विश्वास करते रहें और आगे बढ़ते रहें। आपकी सफलता की कहानी तो अभी शुरू ही हुई है।"